全椒古代典籍叢書

金兆燕集

5

（清）金兆燕 撰

政協全椒縣委員會 編

國家圖書館出版社

第五册目録

（清）金兆燕 撰

國子先生全集四十三卷（椶亭詞鈔卷三至七）

清嘉慶十二年（1807）至道光十六年（1836）贈雲軒刻本

棕亭詞鈔卷之三

全椒　金兆燕　鍾越

臺城路

題陸宣公墓柏重青圖

忠州萬里歸來後一抔尚餘封樹剝落霜皮槎牙鐵幹閱遍幾番今古貞魂未腐又寒黛參天夢回仙路應是當年活人方裏贍遺譜　丹心暗通地脉想千秋樾蔭泉下呵護諫議孤臣金吾老將應有精靈來去秋風暗雨莫漫與銷魂白楊淒楚且共攀條冷雲澆綠醑

渡江雲

步沈沃田韻送程南耕歸里

江干八年別斜陽極浦目斷廣陵濤正西風黃葉禪智山光一片冷雲膠三年客館共晨夕元箸超超羨君家弟兄師友大小鄭兼毛　休嘲文章賣餅筆翰編苕但軒渠一笑我也嘆畫蛇拋酒夢鹿無蕉強移棲息知何處悵歸鴉難覓雲巢揮手去烟波渺渺吳舠

滿江紅

清江浦

萬里河流送不盡寒潮落日空矯首柁樓長嘯片帆風疾書劍半生憐項羽符謠千古欺袁術笑紛紛塵世閱

興亡留殘帙 春漲外虛灘失叢葦際炊烟出且把杯獨對清淮明瑟市上有人應罷釣鄰家何處頻吹笛看入雲征雁不成行寥天一

齊天樂

題陳授衣閉門覓句圖

瓊簫粉月揚州路推敲有誰知已獵酒人家搥琴市上何似重門深閉簾波蹴地想立盡斜陽闌干頻倚落葉疎蛩數聲微嘆伴荒砌 庭陰幾回小步枳籬兼菊援都是吟侶驢背危橋猿聲古峽應悔天涯憔悴冥搜未已又隔巷清歌送來幽思剝啄何人曲屏須好避

昭君怨

虞山晚眺

天外青山幾點海上紅霞初展芳草滿汀洲暖風柔

拂水山莊何處多少落花飛絮獨客正銷魂近黃昏

菩薩蠻

龍潭曉發

碧潭龍臥雲房石石房雲臥龍潭碧晴曉待人行行人

待曉晴　馬行排障畫畫障排行馬紅日映花宮宮花

映日紅

減字木蘭花

偶讀陳迦陵集中歲暮燈下作家書後小令數闋走筆效之

纔歸幾日驅我飢來還又出南北西東飄盡秋原斷後蓬　揚州舊路月底簫聲聊小住不似從前一到燕臺便隔年

蠨蛸破宅十載蓬蒿荒徑塞四壁無留不許相如便倦遊　蘆簾紙閣草草重加新粉堊隻影迴身知汝燈前定愴神

晨昏菽水難向家山謀負米就養何方拋卻庭幃滯異鄉　饘酏滫瀡養志堂前惟汝事雪地冰階鳩杖尤須

愼滑苔

階前竹馬疋畫含飴歡膝下眼大心雄刮目他時看阿蒙休從兒懶失學早年吾久嘆夜績聞時且作燈前句讀師

撫塵學步懷裹嬌兒應斷乳名喚冬郎次兒小名他日詩篇效致光 短衣添絮那有天吳堪綴補惡臥休嗔猶勝寒衾獨客身

光陰一瞥已見小姑長似妾歸妹占期艮袂相隨得幾時 從姑有姪學繡牕前應破寂念我心勞粉黛何時更解包

粉香脂馥自昔爭誇羅綺窟也有柴關補屋牽蘿翠袖寒
鴻妻萊婦荆布半生㪷畀汝一事差强幸免人呼賣絹郎
髻絲禪榻寒向燈王披敗衲日影趖紅聽盡闍黎飯後鐘
香林遊遍行脚何須還薙染此日龎婆梳子拈來意若何
暮雲天咫客路未離三百里夢斷鴛機何限遼陽老戍妻
須藏斗酒待我歸來消九九準擬今年看汝椒花頌一篇

玉蝴蝶

題張憶娘簪花圖

鏡裏人歸何處空留小影零落塵寰新月蘇臺淡痕猶學眉彎嬋鴛幃半牀幽夢橫雁柱幾曲哀彈秀堪餐想應粧罷慵倚雕闌　姍姍凌波欲下斷魂此際香幀重看一片吳雲窅娘當日舊家山好花謝更無人戴疎柳在借與誰攀遍江干瀟瀟暮雨又是春殘

金縷曲

贈松江陸璞堂名伯焜

朔吹鳴牕紙向孤館一燈促膝對君長喟文賦初成憐幼客下筆眞無餘子算江左少君才地何事輕拋東西

屖走天涯夜看揚州市漫尋遍竹西里　君言大塊都
如寄便守定筆牀茶竈有誰堪倚攜得柔奴同客夢不
羨吾家東美莫前路更求知已碧海蓬萊曾留盼看羣
仙六博都兒戲且一醉浩歌起

拜新月慢

湖墅茱一名徐夫人茱夫人爲前明魏國公女
適開平王裔孫懷遠侯常延齡國變後夫婦以
灌園自給白雲道人張瑤星爲之作傳

野岸沙平湖天雲老一片荒畦無數往事銷沈記傷心
禾黍斜陽外多少烟苗雨甲尚帶金仙殘露筐筥天家

記齋娘前度　想當年寂寞於陵路長鑱在托命惟予汝點點淚染筠籠認柔莖釵股到而今賣向街頭去香名好只付閒兒女看幾隊黃蝶疎籬又匆匆春暮

鶯啼序

題沈沃田小影卽用奉贈

新桐翠陰似幄又簾櫳罩戸正羇客相對天涯畫檐同坐愁暮最難展幽懷萬疊背襟安得忘歸樹笑浮踪飄蕩楊花化爲泥絮　底事東陽瘦減帶孔尚炎塵苦霧看華髮圖入丹青壯心傳與毫素算紛紛鳶肩火色盡都付斜陽烟縷問何如三泖盟鷗九峯招鶴　停杯留

坐翦燭深更聽君話舊旅悵此日庾樓良月儉幕名花往事銷沈楚烟閩雨侯嬴老去夷門誰過吹竽鼓瑟聊遊戲哨蒲帆更問揚州渡新苗老葉風光縱自恢人信美可是吾土　池荷展碧砌藥翻紅且醉歌白苧　但博得尹班儔侶永夕陶陶一晌清談幾回狂舞鳴榔斷港腰鐮修逕蘆中應有閒天地更何須倚遍歌魚桂他時尊荇波明黃篋秋篷許同載否

憶舊遊

癸未冬日飲筠榭齋中憶丙子秋與諸同人挈定郎憧醉於此忽忽已八年矣漫賦此闋並邀

鎝榭同作

託深杯共擁小像描成人聚良宵麗句爭投贈看當筵筆陣江雨瀟瀟臉波對映華燭紅暈豔光搖乍一縷清歌半鈎新月香篆初銷　迢迢感今夕問去後斑騅何處聯鑣又到消魂地悵燈明酒醲空負嘉招幾番暗彈珠淚腸斷灞陵橋只錦帳餘薰夢中還似分醉桃

淒涼犯

江橙里以秋草詞見示依韻和之

流光暗擲天涯路愁心獨抱誰識夕陽易下西風漸老幾番縈織荒原古驛但添與寒烟冪歷便低迷依人初

畔憔悴更無色　留戀閒庭側只有黃花不嫌殘碧舊
時芳徑記曾經醉鋪瑤席待約春山鬭新樣裙腰翠濕
倩多情幾點冷露爲潤浥

憶舊遊

留題眞州官署寓齋

向模糊頹壁禿管淋漓掃盡浮埃十笏行窩裏算籐牀
棐几也費安排草草竟同秋燕流影更無回悵辜負夭
桃年年春到不見花開　徘徊泥人處是簾子牕兒一
一縈懷況有詩魂在定傷心孤館老樹荒苔明夜扁舟
何處長笛落江梅且醉擁罏裘遙看粉月橫素堦　寓齋

郎仁趾叔病歿處

沁園春

江橙里借觀雲郎卷子一年後重加裝潢以歸

賦此誌謝

澣手重看離合神光乍陽乍陰似潘郎車上載歸珍果鄂君舟裏擁到香衾培護名花品題佳士費盡風流一片心添新韻問綵灰芳酯幾度同斟　涼宵展卷沈吟恁尤物移人直至今笑破帽書生年年苦霧蒯緱覊客夜夜秋霖吳市魂銷江潭影悴誰向天涯更鑄金眞僥倖便髯翁地下也慰遙襟

臺城路

鶯聲

重幃正貯深閨夢枝頭乍鶯春曉嫩綠新陰殘紅小院幾度暗催人老圓吭恁巧似一串珠喉別成宮調喚起愁心絲絲只向畫檐裊　天涯斷魂獨聽憶家山此際芳徑空掃挾彈穿林攜柑選樹惆悵少年懷抱纏綿未了且强伴林鴉雨咻風噪憔悴金衣有誰知載好

瀟湘逢故人慢

同王穀原登烟雨樓

斜陽斷浦見一片蒼寒長隄古樹皎鏡明如許只鬢影

中流添成淒楚湖海飄零悵同是水萍風絮甚匆匆樽酒河橋未許離襟全訴　白雲飛黃葉舞趁三塔疎鐘半城暮鼓做一天愁緒嘆易老菰蒲難馴鷗鷺已是蕭涼更禁得幾番烟雨怕今宵冷月無情又照孤篷柔櫓

洞仙歌

東阿旅舍贈妓楊水仙

智瓊祠畔又斜陽送晚且駐征車就孤館愛小橋幽逕深巷閒門藏幾隊燕燕鶯鶯明粲　箇人眞似玉粉項垂髫恰並低枝弄嬌婉短夢借郵亭恨殺荒雞偏不顧天孫銀漢便他日陳思賦情多只留枕今宵不堪魂斷

摸魚兒

題盧磯漁夫子檢書圖

坐高齋百城環擁此中真有佳趣緗囊錦軸題敎遍屈戹癸籤丁部憑檢取似紫電青霜齊列將軍庫長恩謹護看黃帊香濃榮光上燭分自內府　寒牕客休對經神遙妒蓬瀛原自天賦神仙脉望千年少何限羽陵乾蠹躭訓詁我亦有叢殘幾帙巾箱貯天涯倦旅便歸守書倉饑來據案一字不堪煮

浣溪沙

蟬

赤日初停碧柳梢北牕孤館夢魂遙斷腸聲入畫樓高
齊后故宮千古怨吳娘纖指一痕嬌殘虹影裏暮烟
銷

一萼紅

吳梅槎新納姬人雙趺甚小即席賦此為戲

隱湘漪愛芙蓉衩底紅瓣小蓮垂一曲弓彎半鉤玉嫩
暗香縈住誰知想會向桃花落處趁春風閒上窈娘堤
仄徑苔深長廊晝靜點屧聲低油壁香車昨夜記侍
兒扶出輭步初移妙手私量吟肩穩架柔情點點羅幃
閣得金蕉一葉便鞋兒行酒不須辭試上翠盤小立看

顫花枝

邁陂塘

題朱澹泉斜月杏花屋小影

乍披圖頓添鄉思小園佳境如許西風孤館鳴黃葉春色忽侵眉宇君且住君不見桃花潭上聞歌處離情欲訴算如此溪山耦耕應好我亦共君去　君長笑笑我此言難據雪泥鴻爪萍聚一生著屐無多緉雙鬢已堆秋素庭畔樹也凝盼歸舟幾度飄紅雨年年客路悵夢蝶吟魂花枝繞遍空被鷓鴣誤

鳳池吟

壽周某翁七十

池畔蓮舒，牕前草潤，輕飛露脚初斜。正銀屏暑退，晶簾晝靜，玉樹交加。醉裏酡顔倚向，西風襯晚霞。高齋坐對秦淮烟月，籠水籠沙。　紫泥鸞誥麗蒸，斑衣疊綬，早種潘花。作湖天寄到，芙香蓴滑，風味清佳。會得者英眞率，相看興倍賒。蓬萊島更何須，貫月仙槎。

綺羅香

沈沃田以吳伶品香小影索題，時覩其演浣紗採蓮劇，作西子妝，明艷奪目，即席倚聲授之

秋水神清，春山韻秀，瘦到東陽難學。縱未聞聲，已是暗

魂銷却又仙裙飛上氍毹對好影挂來簾幙笑當年吳市金錢漫教村女便輕握　丹青休浣寒具留向無雙譜上千秋評泊如此風標悔不置將仙壑算多少火色鶯嬌枉幾度雲臺烟閣怎如他夜夜薰香小牕深處著

曲遊春

江岸春如繡早滿城風絮一片縈織獨客無聊且相邀儔侶選春花隊綠水盈盈隔恰送到高樓長笛便酣歌喝月停雲領取晴江山色　繡陌綴紅紛碧愛千樹明霞一羣驕勒底事匆匆又孤館燈昏暝烟愁冪何日便家食聽鶯簫伴他清寂嘆故園老盡啼鵑欲歸未得

鶯啼序

送汪薌泉入都

沈沈綠陰一片乍籠騘罩戸倚雕檻鶯老花殘幾番惆悵春暮那堪更離亭帳飲綠綠蹤地官橋樹鎮相看攬袂無言曉風吹絮　前夜高齋促膝賭酒爇金皃燼霧雨聲歇新月娟娟照人無限幽素正清樽歡娛未竟又橫笛離愁千縷似匆匆波面浮鷗水邊驚鷺　天涯靜憶去歲今朝鳳城共寄旅顧影惜素衣緇化敕勒歌殘酒伴荆高對牀風雨家山夢裏銷魂凝盼春明門外斜陽曛背金臺匹馬桑乾渡臨分贈別只餘雙袖龍鐘淚

痕半漬塵土　鬬河木落君賦歸來脫征衫白苧牋幾日聯唫高閣擕手長廊側帽酣呼解衣狂舞而今又向荒村殘照鞭絲遙指津亭畔墨痕新曾記橋頭柱相思轉眠秋風北雁來時有書寄否

前調

都門留別鄦泉疊前韻

牆根海榴似火又低枝礙戸展殘卷歌罷離騷美人空嘆遲暮便依戀京華旅食背襟難把怨歸樹理征衫顧影誰憐斷蓬飄絮　深悔行踪刺促半載飽街塵市霧自今後堅臥家山靜看嶺雲飛素數新絲秧針幾寸罩

濃翠柳絲千縷有心知漁弟樵兄伴他鷗鷺 新安幾載綵袖趨庭萬山住宦旅憶跌蕩詞場詩龕嵇呂狂朋雜坐閒庭綠天聽雨松蘿曲徑偏提載酒空臺落石清波繞倚城闉共喚寒烟渡風階月砌小樓同傍疎簾雀梅井畔香土 關山歷遍羇客窮年只難抛白苧 但孑丁燕昭臺畔劉李河邊命酒悲歌撩衣起舞君眞健者鈿車紅粉瀛洲爭指神仙表更堂堂題遍楓廷柱相思定隔苕岑可許吟魂夢中到否

邁陂塘

題友人小照

展圖看知君有夢只應此地留住浮圖略約高低影盡入畫簾深處幽逕誤定雨後苔錢繡到方花磯門前鷗鷺怪天際歸舟年年盼斷江上片雲暮　蕭齋畔曾種松栽幾樹別來青蓋如許百弓占得閒天地企脚便堪今古催棹去且獨把漁竿避了人間暑揚州客路縱十里紅樓家家烟月信美詎吾土

百字令

葯公房與吳月川同作

征衫一領笑年年染遍楚雲燕雨壓帽霜華摧短鬢又到最銷魂處落葉無情凍簫空咽只是添愁緒水萍蹤

跡幾宵重此歡聚 且向青豆開房黃花小徑共琢瑱
玗句同是天涯流落客莫厭鎮西狂舞隋苑鐘殘蕪城
月冷斷雁知何許長淮極目西風斜日平楚

奪錦標

重九後五日讌集吳一山新居時一山選妾輿
致諸麗人觀之

霜影簾波苔痕砌浪晴日華堂瀟灑最愛移家龐老琴
薦書囊都堪圖畫喜江干旅客恰尋到城隅新舍數連
簃曲室重重徐榻定應先下 纔把蓬蒿逕掃料理藏
嬌便有瓊鋪鴛瓦喚取行雲出岫釵餤交騰粉光融射

想明珠量得定不比尋常奴價只堪憐深燕飄零冷夢

又過秋社

菩薩蠻　渡江泊京口

繞廊雲碧金山曉曉山金碧雲廊繞排石渡舟來來舟渡石排　荻洲新浪纖纖浪新洲荻林鶴隱松深深松隱鶴林

御帶花　江橙里招集丁香花下

長廊曲徑雲根畔幾樹濃花堆艷烟屯雨困早輕凋脂

嫣冷銷霞焰小閣重開招俊侶又安吟管捲簾幕暫飛梁羽怕濕襟還歛　偶然草草呼杯杓料得愁腸難禁酒釅槐兄榆弟得幾度樽前角巾同墊分付東風休便掃落紅千點定明夜好天良月肯一庭孤占

百字令

題徐松原弄月蓮溝圖

偃龍松畔正暮雲收碧舉頭天咫鷲嶺鰕湖連暝色寒玉展輪初起鶴夢千山猿吟萬壑人坐幽篁裏空明一片不知身在塵世　數遍六六高峯幾聲長嘯還向天梯倚瘦影娟娥看不厭冷浸碧溪秋水墜露將濃明星

漸淡萬象清無滓東溟極目海霞天外沈紫

賀新涼

題胡壽泉瀟湘雲水圖時壽泉自粵東初歸邗

上

宋玉悲秋處正一抹楚天新黛染來縑素吹笛纔過神女廟忍便回颿撾鼓有招我嶺梅香霧幾載木棉花下夢繞湘烟定傍黃陵去山木外冷猿訴前年分手金臺路灑窮途西風別淚東華塵土鴻爪雪泥相判後何限斷腸雲樹又共聽淮南秋雨禪智山光青眼在拂牆腰且續王郎句莫更憶弄珠浦

飛雪滿羣山

寄懷江硯農時硯農歸里營葬

皎鏡江清高梯天迴憶君搖艇新安穿林應遍擁鎌何處鷺簑禁得朝寒正猿聲難聽更啞烏悲吟夜闌青鬢六六幾處好峯都做斷腸看　羨小舍空場營築後貞松孝竹相伴榛闢山泉繚白村烟縈碧戀高壠暮雲間渺天涯何限愴遊子征衣未乾秋墳一別東西南北空悴顏余時亦封樹初畢

鵲橋仙

寄吳淇園

吳舠小槳吳衫短袖獨唱吳郎樂府千重流水萬重山算只有夢魂飛渡　闌邊綠竹牆頭紅杏斜倚高樓日暮濛濛絲雨碧雲天想開遍櫻桃一樹

高陽臺

題鮑薇省荔枝詩冊

陳紫霞舒方紅星綴閩天風味清佳香沁吟魂一襟旅思難裁芒鞵踏遍楓亭路倚斜陽頳壁丹崖最憐他顆顆胭脂纖手擘來　鑾箋錦冊裝成後向小牕烏几蘭薤勻煤麗句新翻分明譜出情懷勸君莫話巖之夢怕深閨愁黛遙猜羨當時一騎歸塵博笑粧臺

前調

題何金谿廣陵懷古詩集

粉月驚秋玫砧碎夢天涯悽斷吟情密咏瑤箋頓教舊恨重生一編繪出揚州好感興亡雨蝕烟沈劇傷懷草滿隋堤花發蕪城　年時曾艤紅橋棹憶醉扶簪衩香惹蘭襟轉首東風薄遊蹤跡如塵愁魂不放吹簫處隔春江淺黛冥冥更何時把袂邗溝清韻同賡

臺城路

華半村先生以書法枉贈賦此却謝

暗香浮動桑根紙銀鈎幾行如削冷露垂秋朶雲凝曉

簾影簷輝虛絡魏毫散卓想染就隃麋綺櫺疎招脈脈新蟾一痕斜照古釵腳　愁余戈法未似杜臨摹百遍猶恨纖弱帳裏深懸梁間密貼珍重不教人索霜晴小閣縱追得輕魂夢寒應却撥盡殘燈短檠花自落

望海潮

題鄭松蓮處士待渡小影

斜陽西下寒潮東去碧天渺渺無窮修劍柱頤高冠覆額盱衡橫睨遥空繫馬晚林中望布帆何處江色迷濛斷葦空灘荒烟無際起飛鴻　而今誰識英雄但門前綠水宅外青峯齋種白楊賦沈元石星星短髮臨風長

嘯揖猿公看腰邊冷鐵光射銅虹夜半雞鳴起舞老子興偏濃

步蟾宮

贈李御宣

採藍衫子荀香馥看瘦影風前似玉三郎丰韻十郎才更錦句吟成昌谷　五車緗帙牛腰束料文史三冬應足枇杷花下碧牕虛且醉倚溫馨簫局

飛雪滿羣山

輓蔡洱習有序

蓋聞笛聲空館向子期所以傷心劍影孤墳吳

季札於焉灑淚崔公既沒永嘆眭夸蕭侯云亡常愁庾信隻雞斗酒憶誓約之猶存白馬素車慨風流之頓盡人之情也能無悲乎若夫香名瀝耳空懷金玉之音芳躅縈情未入芝蘭之室苟徒工夫借面終疑涕之無從縱善肖夫真聲未免客之皆笑然而慕藺則聞聲相感弔湘亦曠世興哀況夫鳳靡鸞吪知衆禽之同恨芝焚蕙歎詎小草之無情爰製蕪辭用賡薤露嗟乎蕭蕭白嶽連年銷客子之魂窅窅朱陵何日返仙人之駕音成楚些盍第爲誄墓之文調係越

吟聊以代寫懷之句云爾

霧術縱橫霜阡鼓亞四郊無限蒼茫岐山草短漸江冰合做成蕭瑟年光正羈愁難遣更聞說金刀掩鋩愴懷何極僕本恨人能不淚沾裳　才滿擬登龍投畫刺剡溪艤棹試共徜徉揮毫草聖狂吟詩客看芝字定昂藏又誰知無分只贏得吟魂暗傷更殘夢碎哀猿夜月空斷腸

喜遷鶯

旅中對雪懷汪草亭

瑣牕虛影看雪貌冷翻雲魂裯凝猴菽丸丹雀梅封蠟

幽砌壓愁難醒局室蘆簾不捲杉火一鑪紅燼倚孤榻嘆者般岑寂他鄉風景　芳訊空極目千水萬山迢遞沈魚信酒户分曹詩瓢逐隊猶記攬祛蘭徑何日桃花深處小岸踏歌重聽斷烟外又寒鐘古寺數聲催暝

前調

題軒來從叔天梯長嘯集即步自題原韻

珠裒璚聚愛一片錦心編成愁譜短榻酸風破牕殰月寒穗影搖空楮世上黃金何限不買馬卿詞賦算只合待雞林窮塞覓君殘句　孤旅贏萬卷歸去故鄉也抵纏腰富䵷𪓟褎成隃麋寫就直得鳳池人妒矯首天梯

無極試喚鹿羣猿侶長嘯罷看茫茫黃海暮雲離緒

金縷曲

寄懷仁趾從叔沂州

旅館空山裏正深更愁魂恍惚暫謀歸計猶似竹林清遊日小閣畫欄同倚把袂有良朋嵇呂古寺月沈寒鐘動猛驚殘短夢披衣起情歷歷尚堪記　誰知俱是萍蹤寄嘆飄零天涯遊客故鄉千里一片西風瑯琊道問誰解伯輿情死且滅燭斷纓狂醉（叔為沂州贅壻）海氣陰森飛虛壁想吟鞭回向江南指歸去好且休矣

鳳歸雲

寄徐曾傳

記年時儁遊白下共搖樽淥水畫橋歌吹白紛紛樓外青帘堤畔紅葉更上謝公墩小閣雨聲初歇草蟲喧砌對牀清話宵分　而今空憶判袂秋江風淒岸柳潮冷汀莎撾鼓回颿處暗銷魂寥落吟鞭憔悴塵鞅目斷暮天雲祗有夢魂仍到珊瑚文架碧牕明月尋君

齊天樂

集吳荀叔齋中偕徐曾傳俞默存軒來叔分賦

得蜻蜓

雕雲擘絮秋光老浚微幾番疎雨籬豆晨寒水葓秋冷

上下紛飛無數盈盈楚楚向皺綠波心點成離緒一餉
嬌慵倚風閒趁燕牙去　年華愁裏暗換記埋珠幾日
海榴庭戶瑩薄蟬紗連蜷蠆尾又早落殘清露幽叢小
住似墜髮長釵畫屏深處立盡斜陽釣絲垂斷浦

瑣窻寒

贈汪耕雲

屋角風摶牆腰雪擁翠簾寒悄雕闌倦倚靜對一庭殘
照耀綾文佳名作驚褐袞眉宇軒然到聽粲花嚼麝清
談芬郁[丰各]入懷抱　逋峭新編好似玉柱珠徽獨彈古
調緝宮綴羽誰會鈞天綿渺浣薔薇長咏朗吟小窻喚

醒梅夢曉拂輕塵繡褥温曆三日茍香繞

前調

乙丑除夕查英石以詞見贈依韻酬之

雪砌生寒霜鐘破夢故鄉何許關山滿目贏得髩絲梳雨乍相逢塵襟頓消清言静對蘭心侶更蠻箋一幅新詞慰我天涯愁旅　凝聚腸迴處只幾拍紅腔深情如縷冷吟低咏自歎沈鱗傒羽漏沈沈香銷夜闌小牕兀坐賡麗句掩重扉獨守孤燈暗送韶華去

道光歲次丙申孫珉謹編次

曾孫疇

醍校字

詞鈔卷三重校錄

拜新月慢 詞律載此調吳夢窗詞一百四字體註引周清眞詞爲證此詞斜陽外下少二字讀與陳西麓詞同

鶯啼序 題落用吳夢窗詞韻六字

憶舊遊 題落用周清眞詞韻六字

鳳池吟 詞律載吳夢窗詞九十九字體換頭應六字句此詞落一字

曲遊春 題落用周草窗詞韻六字查詞律載周詞一百二字體此詞後結歎故國句多一字六卷內有三調亦只六字句

鶯啼序 題落用吳夢窗詞韻六字

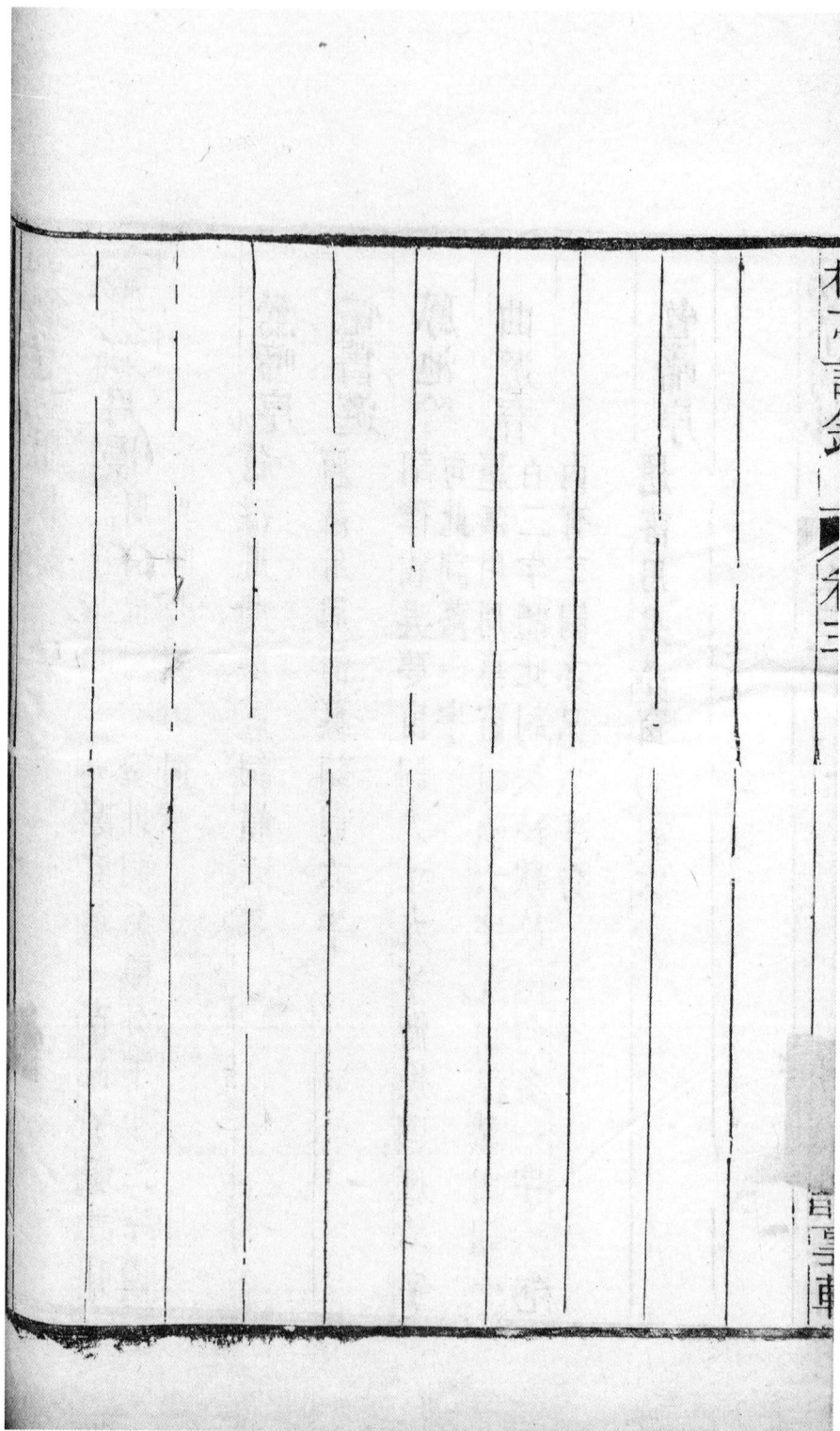

棕亭詞鈔卷之四

全椒　金兆燕　鍾越

鳳池吟

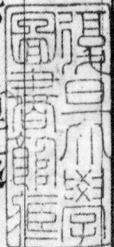

與吳荀叔別已三年矣今歲薄遊海陽出贈別寄懷諸詞示查子鳳湖汪子耕雲並枉題贈新知萍聚舊雨蓬飄輾轉於懷悵然有作即用耕雲題箋原韻兼示鳳湖他日荀叔見之應同一愴懷也

荀令香殘陸郎雖去天涯冷落朋游悵西風古道驪歌唱罷滿目凝愁羽凋鱗稀蒼茫似望碧天蚪銷魂只有

空梁月墜密樹雲浮　新安江水碧喜新知投分欵語綢繆甚離懷別恨漫勞屬和苔紙横秋霞侶雲交何當並聚話南州閒樽處傍翠簾清韻事猶

滿江紅

題戴聲振西園圖即步自題原韻其自序云西園余意中園也

客子閒愁渾一似新安江漲頻搔首東風夢裏家山無恙何物丹青圖畫手乍逢僊祿雲霄上試披圖眞似入桃源胡麻餉　奇巘矗清波漾宵鶴警晨雞唱只瀟瀟一幅雨皴烟釀山鳥常隨安石屐陂龍欲化壺公杖嘆

余懷五嶽更崚嶒憑誰狀

水龍吟

題汪稚川印冊

羽陵蠹簡凋殘飛蓬倒薤沈荒驟何人博古披圖愛對宣和遺製小影鍼懸奇姿波偃緜緜纖麗想中郎清晝一痕香夢有無限摩莎意　試向晚粧雲髻驗釵頭曲迴瓊膩輕舒皓腕綢繆印得桂紅深漬箋寸貞珉數行幽怨鏤成誰寄待畫眉閒後好將瑰璧琢蓍華字

南歌子

春晝

花氣浮簾靜苔痕暈砌偏春草醉春烟闌干閒倚遍晚
風天

散餘霞

蔣伯子以楊梅汁作花草汁作葉畫牡丹一枝

沈香亭畔朝酣酒對繡幃春晝腸斷何處闌干把殘霞
染就分明唾華廣袖暈一痕香透虧煞小草多情學
高擎錦覆

鳳銜杯

巫山十二雲初起湘水外楚天高倚獨自粧成夢入空
香際花影罩新眉翠　鬌鬟鬆腰肢細誰擲果暗情同

寄詩唱秋墳定憶銷魂地歲歲人憔悴

金縷曲

初冬同閔玉井沙白岸汪秀峯吳並山汪對琴吳穀人何春渚汪劒潭朱春橋王秋塍泛舟紅橋看黃葉

寒野昏如夕聽僧樓殘鐘幾杵未過朝食小艇呼來城闉外老樹霜華濃積伴古寺瞿曇枯寂策策西風吹汝慣作臨流欲墮還無力應未忍浪拋擲　觴行共是天涯客嘆年來園圖此會也稱難得落葉艮朋同易散轉首西園陳跡算墜影頹光須惜禪榻鬢絲相看處問十

年舊夢誰堪憶拚一醉晚烟碧

月華清

題明月雙溪水閣圖

裁練分秋懸輪舒夜四圍簾箔齊捲苔繡唐梯跨出兩塘腰半夕陽盡高士祠邊殘雨過語兒亭畔凝眄展空明對暎廣寒宮殿　恰正衣涼酒暝更寶篆初銷豔櫻齊綻一曲吳歈劃取越烟朝斷數漁燈夾道星毬指估舶兩行霞扇堪玩便臥遊終日莫教輕轉

齊天樂

次汪劍潭韻題明春巖紅橋待月圖

水花涼夜銷香夢繞汴畫船齊泊玉露初零冰輪漸上天際一痕雲薄依稀還錯認隔浦漁燈柳絲籠約却是流螢曲廊深處點輕箔　歡場感懷今昨悵高詠空樓尙依苔郭鬢影衣香歌情酒態消得滄溟幾勺覊悰正惡又聽鼓應官有人強索忍擲清輝殘星氐共角少年橋上聽簫處今日敗荷荒沼夜市燈光春遊綦跡萬事平生看飽連籛窮寃但新月依然舊歡人少高不勝寒姮娥定也桂宮老　佳遊羨君登眺載滿船書畫鏡中移棹蓼岸迎秋蘋洲帶雨大似江南淞泖微波渺渺乍喚醒林間一聲遮了高嶺銅鉦瀲湖秋霽早

步蟾宮

梧桐花下屯朝旭看排就三株庭玉招來棐几展瑤編要他日彪書函續　康成小婢詩能讀報簾戶烟清茶熟欲持團扇問新詞綠陰外有人偷矚

滿江紅

韋鋏夫先生歷官泗州溧陽金壇學博所至有政聲子約軒編脩繪授經圖以誌庭訓圖中短衣丫髻玉立膝前者編修君也

十笏蕭齋彷彿是廣文官署圖畫裏清蒼古貌傳神阿堵薄宦半居顏禹地閒身肯作羲皇侶拯蒼生巨手賴

儒官天堪補　任棠薤萊蕪釜追舊事留遺譜有北贊
文學當時管轄平地經師傳敢壽河汾教術追鄒魯羨
緇帷鯉對更超羣人中虎
瑜珥瑶環人道是佳兒傑出稚衣短一經在手來依吟
膝生小愛編孫敬柳閒時厭綴陶謙帛但書倉餒食過
午年甘於蜜　纔看展西清翼更妙對東堂策詞臚傳
繞殿雙花覆額青紫隊中頻拾芥丹黃几畔曾漂麥怪
當年濃笑遍東家眞消得約軒就婚全椒一時有聟才之目
家世傳經搜討遍翼蕭師伏更不數過江門第三張二
陸范氏又傳孫有硯謝家共道庭皆玉惹道旁人羨小

逍遥逍遥谷　鞭曾玩山之麓犀曾照江之滸感兄袁
弟灌一時推轂薛鳳荀龍真競爽回蘭耕菖偏相蹙鹿
鳴歌最憶俊兄賢悲驚鵬約軒長子云吉治經有聲仲兄萱望與余同舉於鄉未第
歿

自愧樗材也曾賦趨庭東郡官舍裏晨昏齏粥至今悲
哽牛壠松楸星歷脚十年書劍霜堆鬢捧遺編跪諾向
天涯淒涼影　悔不鬻山中畚悔不賣街頭餅枉蜂鑽
故紙高談馬鄭地下難逢王輔嗣樽前且對周公瑾任
醬翁篾叟互相嘲吾衰甚先大人宦休寧學博兆燕亦隨官舍讀書
落托公車人笑問孝廉知幾且自詡高才入等也居其

次余以二等挑選注銓教職枵腹敢言雞棄肋困鱗猶望魚燒尾囑

騘前僮罵莫喃喃吾將仕 淮泗水真清泚艮常麓都

仙址倘音徽可訪便依棠憩種竹好排前後輩栽花更

補東西阤酹寒泉一盞拜先生斜陽裏

南浦

送羅仰峯之南昌

岸柳倚津亭落照邊絲絲又惹離緒詩地酒天空分攜

後應似斷萍飄絮深杯到手瀨行更作匆匆語峭帆日

暮又二水三山一橋飛度 遙知高閣停舟正簾捲西

山霞明南浦風送客來時湖雲畔陣陣黃昏疎雨神仙

嵩宅記曾艤棹花深處松苔院宇怕寫韻軒空拍肩人
去

玉簟涼

涼夕

庭院深深對暝色做秋暗逗愁心鳴蟬聲斷處又月到
牆陰紗幮長簟似水訝露脚潤入瑤琴頻起想鄂君舟
裏今夜香衾　悄悄蕉衫乍試紈扇暫拋流光一倍沈
吟明河遥盼久漸送到疎砧明朝風信更爽好料理結
伴登臨殘醉後定故鄉歸夢堪尋

齊天樂

席間感舊贈定郎同楂魚門作兼懷嚴東有

半生青眼天涯少高歌又逢吾子繡褥芙蓉深杯竹葉且共重簾香裏征鴻暮起帶餘恨流室他鄉雲水老去徐娘墮釵塵鏡嘆何已　相思當日舊伴總芸帷俊客薇帳幽士梅月吟魂梨雲夢影今夜還應來此簫聲故里有何限闘情柳顰花悴忍付東風一江寒浪[illegible]

憶同沽酒湖邊路正值花開蓮子洗露紅衣屯烟翠蓋笑入笙歌叢裏雲鱗碎起罩麗影波光夜涼天水蕩冶心情閑門肯便效無巳　招邀曾共畫舫有霞邊綵伴香界開士小拓蠻箋低吟楚調消得江山如此衣香十

里怎啇令橋南頓成憔悴莫問唐昌斷魂空玉蕋

七娘子

卸來天水輕衫碧閑紗幮不許炎威入月下瓊簫燈前錦瑟芙蓉一朶淩初日　腮兒未曉先生白睨柔酥枕上重憐惜珠淚盈盈星眸脉脉忍教此會成陳跡

點絳唇

泛南湖次閔蓮峯韻

藕葉香中天光一點紫窰碧泠泠竽瑟泉響聲難息錦繡亭臺到處重經歷懷疇昔露涼雲白那日羅衫色

金縷曲

寄朱岷源

惜別心如醉憶風前淩晨送我一肩行李轉首瑯琊山上路目斷眞人天際悵旅館書巢空寄人羨升堂俱高足刷光儀雙鳳空流輩定道德邁聃喜　揭來我已成憔悴矣乍向堂檐繫馬者般羸敝餓隸幾人衙放後破屋數間而已怕此事便輸吾子倘得君來同茲況好一瓢共飲清淮水討長物且休矣

雲仙引

吳夔菴愛洞庭秋水既歸武林値西湖旱涸乃繪岳陽泊舟之景名曰懷水圖遍索題咏

青草湖邊黃陵廟後天涯幾度停舟涼烟外一帆秋篷颸有人無寐指下泠泠湘水流瀟灑壯懷西風古渡殘月高樓　歸來南北峯頭繞輕夢蘭香雙袖流欲澣征衫清波門外悵對荒疇嫋嫋長竿坐觀遠釣此意空盟沙際鷗岳陽城在洞庭波闊何日重遊

西子妝

京都橫街之南隙地名下窪子室衡比戶皆女廬也有淡妝幼妹操吳音立門側感賦此解

小鬟雙丫單衫四褉隱暎門前樗樹橫街側轉鳳城西訝鶯聲聽來吳語幽姿淡嫿怎輕擲軟紅塵土捧燒春

定鎖眉相對燕姬儔侶　卿眞誤杏唵梅村多少江南路無端匿影向長安枉瘦了腰肢誰訴不如歸去縱難覓舊時庭戶倚寒天修竹還堪日暮

菩薩蠻

濕雲濃額眉山碧碧山眉額濃雲濕裙翠斂爐熏熏爐斂翠裙　曲闌紅淚續續淚紅闌曲愁遠放簾鈎鈎簾放遠愁

減字木蘭花

蚊

夜涼人困紛紛虛響偏成陣月滿𢗞紗不許吟魂便到

家櫻桃柳絮偶然饑飽原無據何苦營營觸熱羞明過此生

醉太平

題王少林十三本梅花書屋圖

林中酒賓溪邊逸民合來現做花身定今年閏春樓盈美人書餘洛神兩宵盼到圓輪理瑤箏樹根

一落索

年年一棹隨萍跡水雲孤驛天涯何事最關情但只有烟江碧十幅粉牋勻白裝成小冊初春便泥寫秋江早料理悲秋客

清平樂

題徐松源弄月蓮溝圖

光明頂上一片圓通相拋却花瓢兼竹杖獨與寒蟾相傍　夜深露脚斜飛輕雲漸透單衣招得山中老鶴仙臺共挹清輝

穆護砂

揚州同鮑海門吳月川作

落葉檐前舞訝新霜一夜如許正禪房淒絕茶烟孤裊今朝客懷無據喜俊友聯翩敲竹戶早坐滿曲欄深處纔把臂略通名字便促膝縱論今古殘菊園亭亂楓樓

閣青帘高挂酒堪沽愛徑邊奇石池邊幽草都作醉鄉
主　同是天涯羈旅勸觥船十分休阻嘆瓊花根斷玉
簫聲杳千秋粉香脂媚只賸有白楊荒草墓吹不盡西
風平楚看苒苒夕陽西下聽漭漭長河東去千里關山
百年身世人生何計是良圖盼寒烟幾點歸鴉又城頭
暮鼓

齊天樂

同程魚門飲鄭東亭齋中即席再用前韻送魚
門歸淮上

曲廊深處花間屋記曾醉眠遊子竹影橫牕芸籤壓架

又過讀書堂裏棲鴉乍起早湧出樓頭一輪如水俊侶相逢觥籌百遍未能已　年來雲樹望眼感淮南落葉長嘆秋士舊境升沉中年哀樂未許旁人知此枚乘故里問君到家園幾多愁悴後約須堅莫辜紅淚蓮

國香慢

枯荷

冷落秋陂甚秋聲策策只傍溪西空梁綵鴛無蔭鷗鷺相欺雨後還傾破蓋賸朝來蓼岸風低回頭衆香國袪服明粧涉想全非　金疆何處覓悔當初乍見未挽仙衣野塍包飯憔悴空向漁磯也有畫船重到問前路花

港都迷斷腸事隔浦盈盈冷露應知

探春慢

落葉

堆砌霜高攪牕聲碎一夜孤吟人老突兀奇峯槎枒古木並共客懷幽峭能幾多生意忍付與寒流瀟照縱教堪代膏焚飛烟知入誰抱　極目荒榛遶道有青草湖邊黃陵頹廟冷月空林斜陽衰礎記得春來曾到門徑蕭條後渾不似殘紅堪掃回首叢柯晚鴉猶坐枝杪

念奴嬌

題王筠垞友琴圖

貯香庭院有枝枝女字簇脂刻玉來倚雲根調綠綺粧罷纔離金屋翠袖溫磨丹綃婀娜腰綵應初東曉寒猶在莫辭芳蟻浮斛　可惜流水橋邊鴛鴦夢斷空奏陽春曲一抹霞天人影外猶憶歸黃自牧司馬愁多雍門聲杳到處堪棖觸落梅風裏片英飛上蛾綠

金徽試按勸卿卿休感鵠鸞離別天上仙株和露種肯墮蟪蛄塵窟入抱飛烟隨風小影一响難消得洽洽何處聽明總付冰雪　猶記那日綠桐芳心一點齊上眉峯碧夾道朱欄橫玉澗小立淩兢瘦骨姑射仙姿羅浮遠夢脂粉無顔色前身應是廣寒宮裏明月

高陽臺

綠陰

三逕春殘一庭晝靜行來到處愔愔清潤房櫳苔痕欲上羅襟隔牆已斷飛花路更遠天香夢難尋倚危樓極目平原千里傷心小園幾日晴陰早悤兒簾子別樣幽深罨翠池臺依稀那日登臨武陵洞口漁郎去悵舉頭兩岸沈沈數年光忽把蟬鳴換了鶯吟

東風第一枝

蔣非磷先生遺稿中有梅花詩十首其夫人鍾太君以絲繡成幅令子清容編修繪繡詩圖遍

索同人題咏次王穀原比部韻二首應之

詩伯唫箋針神繡幰雙成幼婦黃絹剪刀池畔當年難忘濕螢深院絨花唾處有恤緯愁心幾段抵誄成柳下哀詞無此斷魂淒怨　綾一幅平鋪鏡面絲半縷斜穿淚眼須知天上超瓊不比人間趙管新綳下後供家祭篆烟香案立暗香疎影黃昏定有詩魂相見

文梓高柯孫桐秀榦春陰慈竹同樹九霞無限霄光千秋定在懸圖華堂景福似寶劍何曾缺黍只回思廡下光陰五噫歌聲猶苦一謹持了崔盧門戶閱遍了朱陳嫁娶翩攉秋燕還飛絲盡春蠶更吐金花鳳紙算手線

難酬千縷且女紅志後餘閒試整葦經章句

沁園春

程玉眞校書署其舟曰眞珠船索余賦之

誰向驪龍頷下探來載之畫船算錦纜牙檣怎堪比艷玉樓金屋難與爭妍繫向衣中玩從掌上不抵蓬牕一顆圓幽輝滿喜漢皋今夜眞遇飛仙　休猜帳裏私懸悵買櫝須還只自憐且輕浮兩槳共他川媚盤迴九曲與我舟旋戲罷仍空泣餘應在瑣事星星記定全收帆後知相逢何日鬢社湖邊

醉太平

名香禮眞諸天降眞幾番喚得眞眞纔今宵會眞　神
眞色眞情眞意眞丹青描取容眞是蓬山太眞
馮夷奉珠望舒現珠爭將一顆明珠向珠娘賽珠　江
邊弄珠亭前玩珠何時覓得隋珠劝珠郎撒珠
花枝礙船燈光在船待他繫上衣船抱琵琶過船　錦
帆送船彩雲護船共君一棹舤船莫前溪換船

摸魚兒

題程筠榭柘溪漁父圖

水雲深泛光湖裏夜來添得新漲釣徒喚到烟波窩艇
子一時同放看去槳對淰淰寒流掠過蘆花港秋陰漸

醸趁紅樹村邊殘陽一線倚棹曬疏網　松陵路舊約而今易爽乘槎誰駕山涙招人只有前溪曲夢裏猶聞孤響鋪翠障且指點圖中共作逃名想羊裘莫讓便拋了長竿學他郅惲誰與更談往

一籮金

釀春梅意如相候密雨聲中早把香心透花下一杯休放手橫膍數盡枝枝瘦　十年一夢揚州久老去風懷不記昏和晝整頓郎當雙舞袖春來只有花堪就

齊天樂

王秋汀自蜀入京江雲溪自浙來揚兩人同日

過訪郎邀集江橙里汪雪礓陳春渠吳杉亭納涼署齋作竟日話時春渠正擬南歸杉亭亦將北上

鬧蟬聲裏流光換懷人夢回初曉蜀棧雲濤吳天海日帆影東西齊到階塵未掃乍薤簟平鋪蕙帷虛罩選樹移床綠陰庭戶最深窈　天涯羇緒暫訴甚關山萬里同繫蘭棹萍絮良逢茶瓜冷社莫惜樽前傾倒離愁暗攪悵空斷猿腸怎留鴻爪且脫絺衣薜蘿涼月小

摸魚兒

賦琴魚寄江蕉畦涇縣

正桃花半潭新漲紛紛針尾堪數年年三月初三日瀺灂畫船柔櫓輕影度向幾縷沈絲荇藻潛身住仙翁舊處便琴冷冰絲藥殘丹竈樂國自今古　風流客暫遣垂釣斷浦陽鱎隨爾來去投竿拾得溪邊玉還把漁歌閒譜溪岸暮乍返照波中㵘㵘千頭聚纖鱗捕取勝饌入姜廚封來陶瓮一笑佐清醑

高陽臺

高東井題定郎像詞甚美次韻酬之

舊夢如塵新愁似海幾年憔悴芳襟熏罷濃香忍教粉蠹相侵偶然小冊晴牕展似重看青李來禽憶空庭露

坐吹簫月落星沈。詞家竹屋眞才子，把閒情更鑄佳句同斟欲逐飛霞遙天無限光音桃花悟後枯禪在懺當時千尺潭深最傷情花落春階月墮秋林

婀娜柔情纏綿麗句使人意也都消可惜年時不曾同載蘭橈彩衣喚得眞眞下似雲中仙影迢遙悵今宵花下無人月底無簫　明知逝水原難挽且橫吹玉笛萬一回潮海鶴心情應知海客堪調伯勞飛燕還相見怎天涯斷雨全飄太蕭騷一片冰輪又挂林梢

雙雙燕

蔣清客補題定郎像頗有悟語次韻奉荅

寸圖乍展似蜂影浮花蝶魂依草相思幾點只向斷雲飛繞還認紅闌翠沼是那日斜陽同靠空留畫餅依稀賺得旁觀都飽　堪笑柔腸自攪枉夢泣懷瓊癡思仙爪丹青周昉偏駐月容花貌留得圖中影好只催得詩中人老試聽枝上殘蟬共道幾聲遮了

高陽臺

次方介亭韻送江橙里之楚

擘袂言愁銷魂賦別老懷最怕長吟一葉春帆東風蕩地驚心送君載酒江湖去窨相思明月天濤向晴川芳草生時誰共題襟　回頭二十年前事伴高樓黃鶴曾

繞疎林舊夢冥迷滔滔雲水難尋琵琶莫奏催人曲倚
離筵且盡芳斟悵寒梅明夜空庭孤影沈沈

齊天樂

雪

草堂一徑無人跡閒庭玉山愁對袖手哦成蒙頭臥起
乍失南榮暄背紛紛暮靄又奄就叢柯竹傾松礙欲墮
還飛太憨眞似寶兒態 因風暗侵戶牖長廊迴合處
漸沒菩界破帽山村危檣水驛幾度冷吟孤慨蕭條物
外悵一領漁蓑連朝未曬且拓寒牕凍雲看斷彩

夢橫塘

闌干

界露滋苔梳風挽柳巧把迴廊低護密密疎疎曲曲重重無數近花陰倦蝶頻棲傍簾鏁籠鸚休汚看玲瓏轉盡斜陽依稀當日墊愁處　春葱依約劃損知是聞歌偷記隔牆新譜翠袖餘温猶認一痕香縷添惆悵孤館懷人儘徘徊小樓聽雨對遙天倚到無聊畫屏寒影暮

又

遶砌紆紅臨池皺碧一半依人修婷罷壓裙花不許腰肢全露纔極目高閣江山又凭肩畫堂歌舞總將伊傍傍輕偎風流真得個人妬　春風花信過半贏得愁懷

空咏碧城佳句遠水平橋望斷晚烟深處隨曲徑宛轉亭臺伴芳叢欹斜風露記棃花那日蕭娘一枝春帶雨

八寶粧

題閨秀顧湘英生香閣詞集

滴粉搓酥熨紅裁碧一卷碎金無價閣裏生香原不斷紙上餘薰堪把吳天何處草堂額玉山留瑤英珠掌偏采治知是鳳臺簫史當年初嫁　依約小字中間粉痕纖指認來幽怨如畫想池畔剪刀未墜更芳韻軒中親寫羨金屋紉騷佩雅掃眉才子難方駕問待雪城頭吟魂幾度湖雲瀉

惜餘歡

送盧竹圃歸里

一樽草草願共把離愁因酒權閣呼得玉人來正日暮雲合扁舟明朝竟催放悵從此便爲君懸榻者番腸斷也應未殊冷猿三峽　天涯屐慵再蠟且舊社比鄰同數鷺鷗楊柳杜亭邊定禾黍高插鵲華秋錦龜蒙朝黛耦耕處好漁樵酣洽羨君歸後征衣旋　拋渚烟林霎

水龍吟

柳花

偶然粘得遊絲向空忽共斜陽墜縱教鷹颺更無依託

枉縈愁思小徑氈寒重簾絮重翠樓深閉嘆飄零身世顛狂心性沾泥後眞慵起　休怨身輕如寄且枝頭暫時聊綴青蛙乍鬧紅魚又病小池波碎入抱飛烟漫天舞雪春光如水悵晚風江上何人喚渡灑天涯淚

春風嬝娜

題蔣清容攜二子遊廬山圖

愛宮亭湖影一鏡新磨休舉棹且攀蘿入名山只許名家父子勃還招動邁更隨過五老癡峯低頭應愧羅列兒孫頑石多喚取匡家兄弟出好留雞黍宿雲窩　我亦東林駐屐尋思舊事蓮花社會撫吟柯悲流轉苦蹉

跎當年面目今日如何雙劍迷離匣樓雲日兩姑窈窕
江浦烟波歸山須早想康王寒瀑年年待洗深雍塵鞾

齊天樂

題滌淨老人冬集圖　羅兩峯爲其內子方白
蓮閨秀及諸女郎繪也

晴牕檢點紅閨韻宣文授經初曉琢句毫新賡篇響逸
京兆修蛾纔掃氊爐共繞正茗熟香温曲房深窈不櫛
書生玉臺金谷定同調　疑魂誰倩畫手寫眞傳絕代
幽意多少邢尹休嗔威良共艷博士披香有淖吟情未
了又怨斷稠桑帳中八香飛絮空庭忍行寒夜悄

憶舊遊

為江橙里憶西磧作

記千波極望一壑堪尋疇昔吳門乍使襟懷暢握梅情柳意不負三春高居左神仙館遠喚紫瀾奔正穩閑花闘酣眠霞侶靜斂吟魂　重論影兒事悵梗偶萍蓬大半無根轉首鈞天路縱扁舟還到昔夢何存秋來冷驚楓落荒境雨中昏算最是難憑海邊蜃市空際雲

木蘭花慢

送吳姨丈瓊波先生

驚飈何太駛催鷁首不稍停看兩岸衰蓬千山落葉一

帶征程歡娛何曾浹日又無端別淚付斜曛秋水怒流
人去寒林空鎖烟痕休　文多病長卿貧褦襶厠鄉鄰
嘆名號狂生文譏傖父言出人憎如非先生知我定泥
塗榛莽死休論獨對西風悵望江南雲樹千層

高山流水

梵珠與僕未有半面輒投佳詞獎藉過甚僕憒
恨天涯倚聲久廢以延露賡淥水所謂娵廉同
宮劉越石云適足以彰來詩之益美耳

破牕一夜聽西風倚危欄飄盡梧桐孤客抱秋心天涯
夢斷無蹤嗟庭翮日日雕籠雲霄伴縱是青鸞有信銀

漢難通祗琨箋密詠深翦燭花紅　愁濃何時一尊酒同促膝訂徵商宮殘月曉風邊傷心定也相同但江干又逐孤鴻扁舟小莫信寒潮晚急解纜匆匆恐水明樓上萬一或相逢

道光歲次丙申孫珉謹編次

曾孫醻

醍校字

詞鈔卷四重校錄

鳳池吟　換頭應六字句此詞落一字

鳳銜杯　題落用晏同叔詞韻六字

國香慢　詞律載周草窗詞九十九字體此詞後半斷腸事句上落二字

夢横塘　詞是綺羅香誤刻

惜餘歡　題落用黄山谷詞韻六字

水龍吟　題落和章質夫詞韻六字

棕亭詞鈔卷之五

全椒　金兆燕　鍾越

八歸

題王蘭泉三泖漁莊圖

孤楓變紫，疎柳剩碧，磯畔穩繫片艓，垂竿靜對湖光好。休管老魚吹浪，敗蘆飛雪，偶效機雲貪遠適，便舊舍東西輕別，最可惜滿目秋容，總付采蓴客。　空嘆長安久滯，鷗盟猶在，夢裏烟波千疊。冷雲漁屋，斷霞晉步，一任寒潮生滅。但家山指點，歷歷遙青九峯接。歸休去，可容添箇小小瓜皮，同君閒擲楫。

法曲獻仙音

題王穀原龍湫晏坐小像

苔厂懸晶蘚龕垂素靜對盈襟秋思清沁心脾冷侵毛髮神遊在天際想諾矩羅來處芙蓉漾空翠領眞趣翹首向誰凝睇空盼斷雲外玉龍十里試入老鮫宮問泉先多少愁淚噴霧跳珠又匆匆飛下塵世悔高峯輕別化作人間流水

玲瓏四犯

題王穀原青溪邀笛圖

虛閣月明遙天雲淨是誰涼夜吹竹幾聲才入破水面

蘚紋甓孤舟有人未宿正無聊那堪 曲千里關山百

年身世天外一星獨 披圖舊遊暗 憶簾旌小漾曾

倚簫局酒闌桃葉渡轉首東風速蘭 成老作江南賦漫

贏得閒愁千斛莫更奏梅花正家山夢熟

洞仙歌

淸明到也早燕儛鶯慨悔向京華住來久便鑾韡陌上

粉項車中怎得似青舫綠波紅袖 東風偏溝劣刮眼

塵沙不許家山更回首流水繞宮牆 一片飛花知撫笛

李謩來又且閒覓荆高舊狂朋好摔着今宵醉伊三斗

百字令

休寧溪口汪氏有叔姪俱宦粵西陣亡不歸者兩人妻終身不嫁譜此哀之

黑雲低壓恨當時力盡城頭弓弩摧作鬼雄邊障外長倚天南銅柱犵鳥啼紅蠻花暈碧幾點傷心雨楓林關塞夜涼何處飛度猶憶開賭羅囊當年竹下舊徑尋都誤寂寞畫樓貞燕在老盡紅襟雙羽溪口烟寒嶺頭信斷白晝空閨暮月明寒食匆匆春又歸去

探春慢

題汪用明風樹吟秋圖

落日沈山秋雲卓野何人獨倚修樹咽澗寒泉辭柯病

葉陣陣西風愁聚淚灑蒼茫外定腸斷白華難補傷心
銜索枯魚此生何限哀慕　客子披圖暗觸念荒草墓
田小人有母衣綫無存瘡痕猶在空作天涯羈旅孤宦
嚴親老忍更把晨昏輕負急整歸裝趨庭已是春暮

洞仙歌

琉璃廠買書

鳳城偏處正斜陽西下縹碧晶瑩射鱗瓦愛牙籤錦贉
列肆紛綸真不數萬卷鄴侯高架　書生羞澁甚抖擻
空囊剩有朱提不盈把索直莫擎奇蠹簡殘編本難與
兎園爭價便幾夜挑燈不成眠恐叢棘闈中不堪塗寫

賀新郎

題張純如遺集

斫劍悲歌起嘆從來文人才命叢蘭芣苢一自緋衣催促早空剩錦囊佳製流播到酒人燕市土銼燈昏寒更轉展遺編灑盡英雄淚若輩在令君死　浮生俱是萍踪寄問紛紛行尸坐冢百年能幾留得香名身後在塵世真如脫屣且狂向十洲游戲紂絕帝晨猶堪須想下泉未必無知已莫但效赤松子

踏莎行

次王蘭泉韻題廖琴學倚馬圖

十里勞薪一春夢雨緇衣若向京華住飛黃有意顧蟾
蜍何時騰踏隨君去 側帽風寒揮鞭日暮綠楊影裏
添張緒王孫芳草又萋萋亂山回首江南路

踏莎行

冷如冰聽虛似水枕函清貯思鄉淚問君何日是歸
期子規聲在斜陽裏 堀堁塵街瀰漫霧市不知腐鼠
成滋味賺人頭白傍金臺燕昭買骨眞奇計

沁園春

脣

素面初勻一點濃塗晨曦閃光看小暈嬌圓似含櫻顆

輕痕豔拆疑劈榴房𩋓鞨輸鮮珊瑚失麗號國何須更淡粧冰簳畔檢幾番新譜選嫩吳香　臙脂便奪奚妨愛眞色無言也自芳向供佛爐邊火嘘文武哺兒杯裏湯試溫涼横玉吹殘纖瓊呵遍雨後苔沾睡海棠羅幃底羨如飴暗囓私語更長

前調

舌

三寸瀾翻星象玉衡神呼始梁慣欲下仍撟字奇難記將重便刮噏遠逾長怯處頻掯憂來屢咋怕損尋常著意藏窺人悄破紙牕一點小立虛廊　幾回佩韘宮商

應教曲初成調未詳更毫含㛹管徵沾臢墨緘開魚札

遍潤溜香一滴漿酸半匙酒苦　才到尖兒不肯嘗蘭缸

滅遮芳蓮半顆似品餹霜

前調

喉

小小重樓三十二聲鶯簧囀初慣數番哽咽言哀未了

千回宛轉觸諱全無吐角函宮穿雲裂石最愛歌筵一

串珠蓮幢下借瀏音梵唄默訴區區　閒牕試鼓嚨胡

早馥郁如蘭吹繞虛怪半晌無言不聞聲欬一痕纔灼

便惹歐歋悲極頻嘶啼多將嗄爽玉應須進茗盂更闌

後怕蝇吟未審枕畔模糊

前調

腰

抱月飄烟訬婧夭斜輕擎掌中看雕闌側畔倚來似杵

躍踰角上曲處如弓立恐難支坐愁易損減盡朝餐到

楚宮嬌眠起伴樓前楊柳嬝娜春風　有時卸盡輕容

賸寶袜周遭緊護曾恨半截迷藏裙籠蛺蝶一圍瘦削

帶綬芙蓉香帕牢拴麝幐私繫小步閒庭折最工芳郊

尤厭俐身珠襻細賽遊蜂

前調

臍

貯㛹屯香鄰得闕元懸如鏡精　怨歌常揭調單絲歘吸

浴殘餘瀝淺竇洄瀠麝屑頻翻　螢匡碎壁從事青州力

未勝風尖甚剪藥綾牢貼似月初盈　阿侯繡褓新綳

羨帶繞胎衣脫蔕輕帳玉顏難駐　噬將空悔珠光易滿

容也何曾袙腹寬裁裙腰緊束　入月私添素練并消魂

近讓郎君豪盛艮夢先成　豪盛齊下見北史酈道元傳

水調歌頭

題汪硯深旅夜讀書圖即送歸里

碧漲直沽水分手一帆斜悲歌　酒人作散落日冷黃沙

記得去年寒孟驅馬朔風千里霜月戍樓笳蹤踪太飄忽草草別京華柳塘邊竹坪畔是君家幾年醉鄉詩窟酬笑對梅花羨爾囊縢解後正好故園銷夏莫更憶天涯且向北牕下企脚枇琶

百字令

贈蔣心餘

揮杯一笑笑此身到處都成瘤贅槐柳森然車馬客衆裏自嫌難避吾舌猶存君頭休責卒木聊游戲蔦肩火色紅塵滾滾誰是太息鴻爪飄零關山滿目難覓驪然地屑狗屠諸俱寂寞邪更悲歌燕市春去前宵月明

今夜且與謀同醉醉尋歸夢故鄉烟水千里

前調

心餘得前作即依韻爲答再以此闋酬之

嶔崎磊落羨君才不減楚狂齊贅下筆千言堪倚馬三舍令余先避兒命融修奴驅屈宋此語非相戲僕知君者前身青兒應是可惜判袂匆匆分箋畫壁負了追歡地翰墨因緣雞黍約也似海中蜃市幾日論心何時握手相對眞如醉把君詩卷寸心明夜千里

前調

送吳錤苕南歸兼寄新安諸友

鈴騾轢馬記來時和遍郵亭詩句獨鹿雙輪同兀坐冷月渾河朝渡帝里春殘鄉關夢杳回首江南路君先歸矣黯然此恨難賦　幾載搖艇新安酒人吟社下筆驚風雨不料俊遊嵇呂伴從此天涯修阻峯影雲門溪光路口都是相思處疏麻蘭訊莫教沈向前浦時予以致諸子札付

洪芍

前調

贈江于九疊前韻

神交幾載愛蔗畦吟稿錦囊佳句十里簫聲迎客夢兩槳金焦催渡班草蕪城連裾燕市南北關山路綵毫題

徧諛君才調天賦從此料理栽花好教盈縣須趁黃梅雨百里也堪懷抱展殊勝東堂羞阻鹿角田荒洞庭波濶帆轉知何處湘烟無際斷鴻聲在衡浦時于九分發湖南

金縷曲

題吉傳埜帶劍倚桂小影

玉宇秋高潔是何人科頭獨坐晚香齊發聽遍廣寒霓裳譜霜滿腰間冷鐵空倚樹吳鈎私拍八萬四千人何限問冰輪誰補千年缺看桂影自明滅披圖我亦真愁絕嘆年來東堂逐隊一枝難折碧海青天嫦娥寡靈藥何時更竊枉紙剪下弦之月寶氣豐城沈埋久喜逢

君一片肝腸雪聊共坐夜深說

桃源憶故人

題騎牛圖

烏犍獨跨丫叉路踏遍野花無數行到更無人處山鳥鈎輈語　溪光冉冉殘陽暮暝色橫拖烟樹一領綠蓑歸去攜得前峯雨

浣溪沙

題垂釣圖

欵乃聲中正夕曛綠波泯泯皺鞾紋偶然檥櫂學垂綸　底用寸璜浮版玉且謀細膾斫絲銀一鈎斜月照微

鳳凰臺上憶吹簫

題周仲偉內子遺像

隻影萎寒，哀弦柱促，天涯人自傷神。慣沈思遺挂，淒斷安仁。攜得崔徽玉貌，關山外、長伴飄零。裝池好，金題錦贉，淚皺秋塵。　眞眞。幾回喚取，想月下燈前，定也來頻。況彩衣雙鳳，盞玉晶瑩。休嘆畫中人遠，張素壁、沈水香薰。應還似，凝粧翠樓，慘綠長顰。

翠樓吟

懷吳杉亭舍人入直

檐日全沈鄰鐘又動領盡寂寥風味斷煤銷土銼早熟了試茶新水槐陰籠砌透涼月紛紛瑣䆫虧蔽添秋思虛幃聽遍草蟲聲細　雞棲小樹䆫前應燒殘宮燭夜闌頻倚未央宮漏永有何限長門深閉青縑孤被想夢裏聯吟依然蕭寺綸閣祕莫逢狗監道人名字

金縷曲

讀吳祺芍詞却寄時祺芍應試歙城

燈影穿簾觶把酒讀金荃幾卷氣浮龍鮓讀罷高樓看粉月一片清輝寒射應照遍烏聊山下夢裏尋君剛欲到彼虛堂老蝠驚回怕冰柱冷翠檐挂　吳均才調直

瀟洒羨詞場香名傳遍儔班匹賈健筆縱橫看破陣小試金戈鐵馬一把子人何足打莫向旗亭輕畫壁問誰歌遶上黃河者且醉臥綠蘿藉

好事近

汪心來將歸新安出所攜松泉圖索題

歸夢繞雲根不愛豔花濃葉留取歲寒相守有天都蒼鬣扁舟計日到家時梢頭挂新月好試故園茶竈伴翠濤聲咽

喜遷鶯

分題徐郎阿俊畫冊得蜻蜓

斷崖秋冷綴幾點落英乍添幽興瑩薄蟬紗連蜷鬘髮
立盡夕陽孤影小草枝枝碧顫擎住纖腰未定恁風調
算鶯鶯燕燕輸他輕俊　銷凝空幾日花下柳邊隨爾
穿芳逕淡冶心情飄零身世肯逐吟鞭相並拚著一天
憔悴雕笥貯伊教穩歎萍跡讓蜂儔蝶侶許多僥倖

點絳唇

斷峽零縑蕭娘舊日勻眉譜網蛛深戶綦跡看都誤
翠冷鶯簧簾捲人何處香塵路亂山無數花落空亭暮

高陽臺

鹺使官署中聞定郎至揚州不得一晤賦此寄

情並邀東有少林同作

薜荔空牆梧桐小院旅人一片秋襟短夢初回虛牎冷翠遙侵天涯已是銷魂慣更銷魂乍到青禽最堪憐咫尺蓬山雲海沈沈　歡場舊徑知重過定苔茵嬾拂花醑愁斟夜靜簫寒西風何處瑤音繚垣也有流螢度鎖羇翎庭宇偏深鎖無聊清露殘蟾又墮疎林

嚴長明東有

梅豆飄酸蓮筒薦碧客中春緒都消誰送盟鷗多情爲謝蘭橈尋常秖道花飛去到花前香夢仍遙悵連宵誤了深杯負了清簫　萋萋爲泝城南路有招鶯

翠柳款雁紅潮見說年華而今箏柱堪調吟魂欲趁西風度怕魂迷還被風飄鎮無憀雨又庭陰月又林梢

王嵩高少林

橋畔衫痕江邊帽影那時催上吳船爲戀新懽盈盈淚濕燈前重來獨自尋芳徑鎖重門咫尺如天料今番難覓鸞膠空遮魚箋當初也作銷魂別記香螺送酒銀甲調弦明月揚州知他能幾回圓而今花事渾無主問東君拋向誰邊儘淒涼一寸相思誤盡華年

望梅花

小羅浮

簾外寒威未歇又糝濛濛香雪冷夢迷離人易別橫竹一聲初裂莫悵連宵風雨隔林下正來新月

憶少年

春草池

一灣春水一番新雨一番晴日柔情總無數弄隔簾幽月夢裏詩成空遠憶悵年來露寒烟濕東風正無賴繞半塘叢碧

撼庭秋

竹梧小隱

年來濃翠深處沁一襟殘暑短琴彈罷鳴蟬初歇又聽秋雨　陰陰小徑屯烟鎖月延風招露想吟肩孤摟庭柯漸暝幾回閒此

春光好

光風霽月之堂

高樹靜晚烟濃做簾櫳四面好山無數畫圖中　掃徑一庭明月開樽滿座春風不學藉茅惟背郭瀼溪東

黃金縷、

深柳讀書堂

買得牙籤三萬軸露浣薔薇不許輕塵觸一桁柔緗新雨足晚烟分與紗幮綠　四面雕闌圍曲曲雛調聲中更有雛鶯續堤笑陌頭馳繡轂輭紅影裏飛光速

於中好

移燈處

紙窗竹屋剛容膝恰安得小牀三尺短檠寒焰飛蛾入晃雲母紗籠碧　涼宵顧影還閒立記前夜小樓風急從今穩護重簾隙共樽酒論心夕

蘇幕遮

百城烟水閣

敞高樓當乳堞倒影淩空一片柔波貼鷺起沙禽飛格格影入蘆花亂撲斜陽雪　酒樽空鄰笛歇獨倚危欄極目應愁絕休問舊時淮海月入去山青夢與寒烟濶

聲聲令

黃葉廊

催回曉夢迸入秋心斷魂孤館冷雲深西風幾日儘憔悴到芳襟更那堪夜雨暗侵　寂寞牆陰聲摵摵影沈沈庾郎枯樹老江潯正天涯怕登臨又小樓送到遠碪

千秋歲

牆東古柏

霜皮屈鐵透漏仇池穴元豹伏蒼虬揭潛根通地脉遶潤滋泉脉婆娑勢入門便喜空庭得　露浥緋桃靨霜暈紅梨頰紛紛眼底誰堪悅但留仙骨在早與凡塵隔憐舊雨六朝遺事應同說　六朝松存金陵

鵲橋仙

平橋

穿來仄徑架成小彴北垞不愁難卽苔茵點點貼冰錢似鋪就瑤姬茵席　雕闌側畔柳條垂處留與鷺鷥閑立待他新月到梧桐好獨坐涼宵吹笛

明月逐人來

冰雪窩

梅花纔落梨花又放浸一片冷襟幽思人間熱惱不到閒房裏　浮玉山中一棹昔年曾檥寒濤夢依稀猶記玉壺清徹安樂應無比赤脚何年來此金山僧樓有名冰雪窩者

金縷曲

吳伶唐鹿賓工琵琶與余同客揚州數日余以事歸唐亦將去臨別譜此贈之

誰遣分張速纔聽到檀槽入破新翻幾曲移得畫屏羅帳外雙穗影搖紅燭正繡被溫馨簫局濃笑書空曾幾遍乍銷魂一倚人如玉怎好夢便難續　莫言君有唐

衢哭走關山飄零似我也悲逢蹋賣賦齋謳俱失計誰
識麈邊之鹿且倚桂更歌離鵠長劍在腰鞭在袖握與
奴左手還重囑耐今夜旅魂獨

鳳凰臺上憶吹簫

吳中閨秀徐若冰以除夕歿譜此哀之

鏡聽初歸椒花未頌屠蘇正滿金鍾訝彩鸞霞散直恁
匆匆賸有寒梅一樹傷心絕香夢無蹤重幃底熏爐繡
得夜火猶紅　眞空蔡琴班史便慧業千秋總付東風
早彝殘市鶴烱冷吳宮試問紫雲仙伴人間世佳句誰
工粧樓閉宜春小帖錦字塵封

滿江紅

東花園訪馬湘蘭故宅同吳蘅叔作

廢圃斜陽何處訪蜂窠巷陌繚垣外幾叢芳草依稀故宅山影尚留眉影翠野花似學裙花白最銷魂尋遍昔年八橋邊月　空港斷潮聲咽荒寺冷鐘聲歇悵迷香小洞也成塵刼青眼共揮文字淚紅粧獨抱肝腸雪賸零縑捻賣向街頭幽蘭冊

菩薩蠻

雨宿京口懷鮑步江步江亦號海門

小樓烟景多寒峭峭寒多景烟樓小江步獨懷芳芳懷

獨步江　夕光天水碧碧水天光夕來日海門開開門海日來

前調

丹陽舟中晚眺

夕陽丹入人烟密密烟人入丹陽夕眠岸野人船船人野岸眠　曲阿山水綠綠水山阿曲昏影樹根雲雲根樹影昏

秋霽

癸未九日同吳杉亭舍人攜兒子臺駿泛舟至平山堂

小艇城闉趁梵刹晴烟清磬初午泛宅閒鷗將雛野鶴
偶逐笙歌伴侶霜花楚楚紅闌翠幙爭相妒高閣外山
色江南一晌且延佇　共把醉袂話舊停杯綠波照人
青鬢非故悵年年天涯蓬轉客襟空染秋江露莫嫌擱
筆劉郎句高會此夕便教入社攢眉登樓百感也應難
賦是日諸同人於鐵佛寺詩會余與杉亭未赴

多麗

江橙里四十初度其內子買妾爲壽賦此贈之

隱湘簾玉飆擎出春纖正蘭閨筵開錦障明珠贈自瓊
奩想宵幃暗攢蛾綠憐朝鏡乍對蜂黔綺饌行廚文軒

寫韻仙妹應得婉娩攸只他日七絃雙鳳良報恐難兼
須不比尋常湯餅半臂沾沾　譜龍吟定嫻家法試教
三弄涼檐藕花舒盆池雨過桃笙膩綢戶風恬午浴牕
櫳晚粧庭院畫屏深處愛偷覷從今後寶釵金屋好共
海籌添還知否登樓倦客隻影秋蟾邱仲作笛姬人姓邱氏

翠樓吟

贈趙春巖

古紙銀鉤新篇玉屑孤館醉眸初展幾番薇露沁料秋
興客懷深淺天涯人倦算縱不登樓也應難遣長吟遍
淒蛩冷語伴他幽怨　憑君莫賦蕪城聽簫聲吹徹玉

人都道月明看夜市問湖裏珠光誰見翩翩歸燕早盼得涼颸梁壓猶戀羅河轉休辭共坐隔牆深院

綠意

綠梅

雕瓊刻玉向坐花筵畔奇味清馥繡線穿來斟酌酸甜翠影尚含林竹春歸幾日陰晴半記摘向垂檐低喔想皓纖裁剪初成消盡夜燈人獨　堪羨冰甆小貯幾番胥漬後應配幽菽心裏人人忍便閒拋付與徑苔殘綠長拖一一縷橫空意又疊就九迴腸曲漫對他微蘸輕舉暗憶凍雲香屋

摸魚兒

甲申秋偕杉亭舍人攜兒婦歸里開筵召客正值重九即席譜成此調索諸同人和之

卸征帆暫開三徑庭柯青靄如舊佳兒佳婦雙雙到也覺氣驚蓬牖頻轉首悵落帽年年愁對他鄉酒者番召友喜粔籹人情未陳良會今日我重九（用坡公句）當筵笑莫負深杯在手此歡明夜須又匆匆看遍牆根菊便共葉辭秋柳洗醉後怕一抹斜陽天外驚鴻驟栖栖向叟問五嶽逍遙關卿甚事拋了故園走

掃花遊

乙酉春正三日硯農招集齋中命酒聽歌時雲

篋遣遊未歸即席譜此寄意

海雲軟日又做暖晴光夢蘇寒楚鞞簾繡縷正鐙爐座

側緩歌急舞把酒銷魂共憶天涯舊雨杳然去悵千水

萬山孤影何處　迴盼應未許便雁後花前怎尋歸路

嶺梅信阻枉春江目斷幾番魚素試問柔奴可識離愁

最苦且延佇聽三撾畫檐腰鼓

減字木蘭花

題于拾香拾香錄

暗中薌澤紙上聞來疑可拾舊夢如塵我亦三生石上

人　玉簫吹徹空對揚州無賴月絮影天涯誰向瞿夷

更催花

玉漏遲

雪珠

一綫林中徑天邊咳唾飄來初凝細寫勻圓冷色欲棲難定疑是魂銷洛浦悵弄罷不攜持贈空顧影爲襦縱好玉肌誰稱　試教遊蟻穿來看宛轉冰心幾多澄映寄向樓東人與梅花無並腸斷香篝獨擁憶那日虛簷同聽深夜靜悄對夜光幽迴

慶清朝

程午橋太史篠園爲我輩舊日文讌之地太史既歸道山斯園易主門徑俱非小阮筠樹追摹舊境繪爲一圖索諸同人賦之

翳翳深堂蔓萋小徑依稀當日吟窩何人展將冰繭寫出叢柯詩老斷魂定在長廊無限舊簾波銷凝處水樹露蓑山郭烟蘿　裙屐會泉石畔記幾番會與縱酒高歌空嘆西州馬策華屋情多轉首前塵似夢秋雲還展碧天羅琅玕下細籌翠刻應未消磨

玉漏遲

橙里招同杉亭雪礓集淨香園觀荷

舞霓盤上技淩波愛與鷗盟魚戲纔惹西風早有斷香
先墜莫遣斜陽易下正一抹烟光無際還更擬瑤臺曉
露暗彈清淚　偶然小艇浮來也一晌閒情晚涼同寄
對月開樽又到舊曾遊地明夜離人送役時杉亭將定之都門
獨聽跳珠聲細聊醉倚極浦亂紅霞碎

又到高歌地當年舊譜難全記點鬼簿編纔幾箇寂寥
人世十二年中多少天涯思彈不盡燕楚他鄉淚忍伴
他濕蟬乾蘚拋向巾箱長閉　白髮還同醉一枝橫笛
吹秋起萍滿當場休問取揚州前事風亭月觀小杜樊

川似過三生憑小閣重對玲瓏紫且更呼殘客再繼新聲花底

眉嫵　新月同橙里作

又娟娟纖影楚楚幽輝驚見晚烟表乍醒姮娥夢朧朧眼窺人還在天杪柳風岸曉記斷魂前夜離棹便重對細語開簾處畫欄共誰靠　從此陰晴須較怕玉容漸滿塵翳輕老待放清光展娑娑處空明千里流照一痕暈小正翠鬟香霧初繞囑西下斜陽休便帶教去早

春雲怨

程鈞樹席上咏頭髮菜

柔情薄劣操怨絲千縷未容輕折雨後一窩新綠翦翦
曉風梳不得石脉斜縈苔錢碎繞淺影秋蟬暈寒色篦
塞鷲沙邊城苦霧欲理定愁絶　濃雲似覆殘粧額試
拈來翠釜春纖搏結笑把廚娘舊鈿貼定有香泉點點
浮來玉盆新月小白鳴薑深甌配豉且助鬢脣匋葉

道光歲次丙申孫琨謹編次

曾孫疇

醍校字

全椒　金兆燕　鍾越

高山流水

題韋約軒編修竹所詞

俊遊慣自𩍐珊鞭月燈毬爭擁神仙清切九霄晨𠅘情染遍華牋檀欒影生小嬋娟金莖畔還記江南舊夢帶雨和煙奈琅玕只傍蘇晉醉中禪　當年詞場共跳盪曾幾度把臂林間鶯語太無憑賺人又到愁邊縱霓裳笛裏堪傳東風外飛到宮花似錦怎綴華顛且天寒翠袖日暮更凭肩

晝錦堂

題鄭蘭陔司馬花署聽琴圖　蘭陔名王臣字慎人爲合江令今擢司馬

繡戸風微，鈴軒晝永，小邑初放朝衙。喚到讀書清婢，爲灌名花。寫韻消停閒筆硯，畫眉收拾舊鉛華。春風裏，雅奏數行，深閨便得鍾牙。　清暇。高閣望，山郭外，巴天千里晴霞。遥指綺原耕饁，風物清佳。荔枝香沁朝煙澹，杜鵑聲戀夕陽斜。還家夢，可憶海天闊，嶠雁冷平沙。

歸田樂

題沈扶搖荷鋤圖

連塍剡剡秧如繡新雨一犂初透來聽水田聲閒脫春衫學朝耨　芳檐帶月歸來後沽得滿瓶郵酒沈醉臥煙蓑傍曉催種南山豆

臨江仙

江上感作

幾縷枯藤斷岸數行衰柳高樓暮天凝望不禁秋秋風擢兩髩秋雨滯孤舟　金管鳳簫嗚咽銀箋魚信沈浮寒潮寂寞替人愁愁將今夜淚添恨入東流

沁園春

偕汪稚川過巖鎮宿程西棠齋中

楓葉酣霜柿葉蒸霞濃鋪畫屏指平岡伏翠潛虬曼衍遙巒走碧天馬驤騰（潛虬天馬兩山名）雲影浮圖波光略約襯得斜陽分外明差肩過愛茶坪花白墨市香清　小齋恰傍沙汀有怪侶狂朋坐滿庭正蜀薑擣後黃韲飽嚼并刀響處綠擘新橙貯恨壺中鐫愁腕下（醫士吳建周鐵筆吳靜先在座）醉眼相看總不平揮杯起看一天芒角作作欃星

浣溪沙

將之南昌次何金溪贈別韻二首

芳草階前漸似茵遊人陌上正如雲一鞭明日又紅塵

池館偏輸鷗夢穩關山應笑馬蹄頻年年抛却故園

春

雙劍峯前萬木稠匡廬濃黛碧于油野花開遍紫風流

獨客湖山千里夢片帆煙雨百花洲相思此後定悠

悠

釵頭鳳

銅虹滅珠簾揭月華深浸玲瓏槅寒蛩砌疎桐地聲疑

響屧影疑飄袂是是是　金猊爇銀虬咽溫香冷漏無

時歇芳情祕柔魂殢赴他幽夢趁他初睡未未未

大聖樂

題李蘧門花徑奉母圖

衣舞荊蘭饌修櫻筍曉春初燠正小園入賦閒居試向北堂歡引卓金雕轂種得鹿葱縈蘭砌又朝雨浚徵勻嫩綠嬉遊處看晴日孝烏飛翔華屋　披圖寸心暗觸慨念我難憑松下鹿憶蠹驚銜索瘡痕空撫春暉何速此樂似君眞堪羨更何況神明徵老福疎籬外有無限輕陰葱竹

一翦梅

姑孰使院作

油幕周遮護幾重梅影窗紅燭影搖紅枕邊送到客愁濃々鼓鼕鼕暮鼓鼕鼕　休說青山似洛中謝朓祠空

李白樓空夢魂恰似薄情儂來也匆匆去也匆匆

喝火令

韋葯仙寓萬壽寺懷之

咫尺天涯遠尋常別緒多不如依舊隔關河猶得鱗鴻消息好央他　雪後青山影風前白紵歌銀灣無奈短牆何只有無猜明月兩邊過莫向梅花窗外草草捲簾波

薄倖

臘八日食粥呈雙學使

霧蒸濤濺向翠釜氤氳百遍糝七寶倣來遺製檢就夢

華殘卷小冰甆日數叨分防風幾日香應戀算無向僧
厨劃來書舍難與咄嗟奇擅　漫凝想家山事正雪後
炊煙一片看團茅矮屋沙鋪地碓霜曦幾處衙雁掩管
甯休薦便標名大樹論功也報燕菱淺歸鞭早計寒食

楊花郵店

淒涼犯

酉題寓館壁

催同小章惺忪夢荒郵又聽腰鼓窗雞破曉林鵶送暝
幾番淒楚鳩巢燕宇歎蹤跡殘萍賸絮捲湘簾溟濛翠
靄一晌且凝竚　從此難忘是薜荔空牆枇杷短戶篳

牀書幌忽開抛小樓煙雨明月寒梅不信道春來人去
倚枝枝點點綴遍凭闌處

點絳脣

燕湖留別

赭岫青山寒濤一片江聲走鏡湖千畝沽遍前邨酒
如此江山怎忍輕分手西風吼一鞭回首夢日亭邊柳

鳳池吟

吳叟星濤泊舟采石山下夢李供奉授以青蓮
花盞翌日登岸買得一盞宛夢中物也詞以紀
之

釆石濤翻天門浪走羈魂千古安歸是何人旅夜空梁落月獨抱清輝悵慨相逢似訴飄零酒一杯殷勤付與當年舊物密囑牢持 船頭空買得似盧家金椀轉首迷離悵江干獨立幾回搔首煙雨荒祠滿目關河托向天涯識者誰亞尋夢想錦袍應更傳衣

眉嫵

王山客餞我于一層樓小奚出素綾索句戲拈此調贈之

盼清波無際暮靄橫空腸斷楚天碧乍道將分手垂簾下殷勤香帕偷擲倦鴻退鷁嘆半生湖海青眼誰拭便

揮盡醉墨淋漓管感良意難惜　休詠令狐錦瑟怕惘然魂夢無限追憶縱愛蕭郎好霜紈展燈前應念孤客弄珠岸側解佩環涼浸瑤席可許共柔奴乘一舸暫今夕

鵲橋仙

一窩香霧幾枝香雪小立綠陰藤屋芸蘿人未入吳宮想不過者般裝束　蟬紗影裏依稀似見瓊膩粉胷如菽何年纔織嫁時箱悵風雨瀟瀟黃竹

一萼梅

荆溪晚泊

一片斜陽染復烘山影重重雲影重重慶亭西接乃亭
東窰竈煙紅漁屋燈紅　暝色溪光極浦中花也朦朧
月也朦朧掘頭船小載愁濃水泊蝦籠夢貯鵝籠

早梅芳近

題孫函谷映雪讀書圖

護簾旌迷簷瓦人在三餘暇敲冰石鼎炙研銅鑪向窗
罅古松寒色斂密竹橫枝亞正聰明淨澈一片冷光射
謝莊衣曹植馬他日瓊林下龍團烹熟獸炭燒殘繡
墩藉紅燈排麗豎綠酒浮深罩定難忘故山清夢也

杏花天

贈歌者許七郎

暮春春服人借七最嬉遊難忘初七合尖纔造高層七難捉扇搖輪七　悵哀草微雲秦七又殘月曉風柳七今宵穩駐車香七莫負花開七七

沁園春

寄七郎和嚴東有

五角六張擒縱心頭君應盡知又寫恨琴邊無絃不斷布愁局裏有子難持水汲南零星看北斗記得良宵冬仲期從此後只年年人日空惹相思　天涯愁賦無衣也定抱酸心似摽梅悵盧子茶消風猶習習劉郎韻就

夜每遲遲修竹疎林明河小院腸斷三更四點時吟魂
裊恁丹霞劃就便得忘伊

嚴長明 東有

憶得橋邊花信風輕迎春那時看棊局將來佳名會
喚琴絃撥遍小字應知北斗闌干明河清淺今夕釵
鈿合付伊呼近坐道朝三暮四難定星期　凝將下
九同嬉奈舞罷娑盤又別離室望去香車暗傷殘魄
鍼來雲箋定惹哀思曲曲雕闌垂垂寶帳從此莊嚴
更向誰虛抛淚倩門前幽瀨流到天涯

洞仙歌

寄楊水仙

關山轉首膽離愁浩渺恰似遙青總難了算雪泥鴻影蓬轉天涯舊遊處甚日一鞭重到　琵琶休寫怨絲箏紅顔一樣風塵易催老試看舊征袍緇化連年冷淚灑長安大道便博得千金嫁娉婷怕憔悴蛾眉不堪重掃

江城子慢

和方竹樓送別韻

輕雲颭斜日新綠浄溼翠淡如滴泥愁客江步外芳草一痕離色欲妥適可惜殘春樽酒伴匆匆便絲楊凝碧羨他燕子雕粱天涯香夢無跡　扁舟江東此去悵霞

汀煙浦空掛風席泝游歷朝朝對小李將軍全册怎忘得明月崔妃舞古巷寒更下分攜情脈脈不堪回首高城柁樓側

新雁過糚樓

雁影

點綴蕭疎斜陽下依稀又過前除素琴揮罷絃外正歎羇孤曲沼波光排陣陣繡簾暝色帶徐徐乍攎圖更愁望眼天際還無　曾經銅仙露掌奈斷行命薄只付江湖舊時㒵伴相顧尚賴鷗鳧西風夢回未散向明月關山涼夜鋪鄉心遠問稻粱何在空嚥寒蕪

玉燭新

乞巧

新眉勻晚岫早鵲尾爐前一痕先皺寸心暗祝空頻向碧漢遙天低首璇宮錦字想也在迴文成後休便惜殘慧相貽須教玉清來驟（梁玉清織女侍兒也見獨異志）佳期此夕拋梭羨畫扇招涼綺筵呼酒夢雲未就應生怕海上仙鷄鳴又清歡易舊悵歲歲鴛機入瘦更那管縑素無憑壓鬪淚袖

燭影搖紅

題何玉坡紅袖添香夜讀書圖

庭院初凉石牀書卷淸無暑玉樓人正晚粧成也愛秋聲賦小立桐陰半畝閃金波雲鬟鞾處冷吟應倦空外頻傳玫砧香杵　問夜何其蕙爐烟燼芙蓉炷片芸添篆向何郎粉面籠幽素試盼星橋待渡指銀灣西風牖戶拍肩低喚知否更深畫檐風露

喜遷鶯　汪雪礓移居小玲瓏山館

芙蓉霜弱早探取麗春冬心先託新樣文房舊遊詩境重疊繡屏綃幄市聲朝來不到家釀宵深堪索小圍賦詩板輿花徑此間眞樂　眞樂香霧裏徵夢握蘭鏡展

眉峯約裙屐朋儔氊爐夏會莫遺研泓閒却小樓有八
曾倚看遍遥山晴角捲簾處倩笙歌挽住銀蟾休落

永遇樂

年瘦生爲盧竹圃小影補圖用露似眞珠月似
弓詩意蓋竹圃生日九月初三也時客揚州

暝色籬櫳秋聲庭院吟夢同瘦露腳斜飄月痕淡抹涼
浸冰壺透心頭事滿眼前人去何處更攜殘酒只天涯
人杯孤影悄悄離思輕逗　牆腰繫馬船脣吹笛幾度
隋堤衰柳書劍關河桑蓬歲月詩句空盈袖昏燈在壁
迴廊繞遍拚到雞晨蟲候怕風雨重陽近也者宵肯又

秋霽

題陳小山諸君牽牛花下分體詩册後

禪宇秋生正拂曉微涼作弄幽色浥露籬根颭風欄角輭藤欲掛無力暗蛩漸息幾枝僧眼驚同碧袁佛國堪住筆牀茶竈一房客　清夢尚在小步閒庭聽鐘徘徊鴉散人寂急呼朋開樽餞暑苔茵團坐且浮白同是故鄉歸未得共醉吟處應悵歲歲星期斷腸空付水郵山驛

百字令

田芷香招同吳穀人萬華亭盧竹圃紅橋看荷

次穀人韻

田田蓮葉護波心亭子媛聲浮翠瑤島瓊枝當晚淨不許彩雲輕墜纖玉天邊明珠座上時歌者翠隣在座共現三姝媚殘霞未散碎金全付流水　偏是小杜疎狂幾回冷夢先簪悲秋意人影衣香難捉搦杯底且謀沈醉螢邊籬根露滋草脚花氣隨船尾夜闌歸路一燈遙閃紅穗

秋宵吟

中元雨夜次白石韻同吳穀人盧竹圃作

日全沈月罷皎只是愁人幽悄溟濛裏把一片秋光做成難曉泣階蛬眠徑葆斷鴈應迷天表苔牆上看屋漏

痕多亂排顛草　伏雨闌風天直恁無情亦老溼煙南浦冷燭西窗客思向誰繞莫怨蕭涼早香霧淸輝歸夢尚杳料今宵水拍銀盆花下燈下弄未了

曲遊春

己未元旦次王竹澗韻二首

枕上晨鐘到猛驚回殘夢報我春霽鵲噪鵶啼怪書窗寂寞者時還閉一歲從今計快喚起騷人閒睡試看日曬重簾冰開古研池水　晴雪簾前澌未正掩映房櫳春光初媚那有椒花問黃虀久窨甕頭餘幾愁向眉稍起衫袖薄闌干怕倚岸巾自笑頭顱依然恁地

前調

又是新年也歎猖狂阮泪甚日能需春到梅花奈風欺雪妒暗香猶閉奪席渾無計只落得槐安癡睡堪嗟撚指韶華滔滔迅似流水　舊歲餘酲醒未整昳麗衣冠鏡窺新媚自分癡獃便聰明有用鞭來能幾門外雲初起晴旭上高樓獨倚驀然爆竹匉訇一聲擲地

前調

五日東園謁王父及母氏厝所三用前韻

散步東郊外有梅英勻赤點染朝霞破屋頹垣伴黃腸淺土夜臺長閉孑亍愁無計何處覓陶家牛睡飢烏亂

叫棠棃潺湲恨咽池水　杳杳冥途知未看野草如初
春來含媚寂寂園林問先人遺蹟近來存幾往事休提
起只賸有荒墩可倚今年莫怪錐無立錐甚地

柳梢青

寄江都羅遠羽

閒倚朱樓蝦鬚簾外銀蒜夷猶天外人遙雲中雁去目
斷揚州　年時此地曾遊攜手處紅汀綠洲廿四橋邊
十三樓上幾點離愁

望江南

風似翦不許一人眠顏色開殘花有恨闌干倚遍日如

年春草醉春煙

買陂塘

戲贈吳寅照舉子

羨今年儼然郎罷童心從此除下偏君善做熊羆夢墮地石麟堪詫光四射眞個是不凡英物呱聲大桑弧曉挂問合浦明珠藍田美玉此日是何價　湯餅客我亦欲來沾惹弄麞甯敢輕寫如孫如李何難者但是王渾防跨腰綵卻想乍把如酥初露還羞怕香湯浴罷猛想起心頭微蘭軟語記得去年也

齊天樂

寄吳荀叔

繪雲繡雨將秋去蕭條一籬殘照亥市人虛丁溪水冷幾點寒鴉歸早晚山徑窈窕攜手行吟攬裙登眺離別匆匆隔江雲樹望中杳　長干故人把袂想氈爐勝會一時傾倒楓葉酣霜蘆花飄雪料得憑高清嘯江天恁好嘆夢裏魂迷也難飛到明月窗西夜燈孤館小

滿江紅

荀叔以詞見寄依韻答之

蝶怨鶯愁誰使得陽春回首但惟有綠筠似箭青梅如豆別緒和塵封麈尾相思逐絮飛鴛甃忽烹魚喜得故

人書情加厚　桃葉渡淸溪口六朝事依然否快淸詞
一闋長江烟柳目眩行間珠玉耀古蹟紙上蛟龍吼待
君來櫻筍把杯時薰風透

採桑子

過吳莆叔齋中時莆叔渡江已半月矣

故人別我江南去風捲殘編塵滿湘簾獨到空齋意惘
然　落英滿地誰爲主秋老階前人在江天一段相思
樹外煙

臨江仙

山行

萬點晴雲天外散郊行處處山葩數間茆屋是誰家門閒無事犬籬護未開花　漫說明窗堪坐遣尋春興致偏賒柳煙飛綠夕陽斜微風薰繡草淺水洗明沙

于飛樂

花燭詞

畫閣宵深數行銀燭蟬聯鴛衾金錘濃煙紫霞杯青玉案掩映朱顏推開窗外蛾眉好新月嬋娟　韻奏桐君香飄桂子聲聲敲惹珠簾鳳晨高鸞暮永不羨神仙芙蓉帳煖更那管菊冷籬邊

長相思

試輕羅染靑螺唱罷樓頭子夜歌一輪淸影過 定秋
波蹙雙蛾軟語牕前問素娥月圓人奈何

水龍吟

送仁趾叔之沂州　叔爲沂宋氏贅壻

狂來索絕冠纓風流今日眞齊贅淋漓彩筆者番題遍
荒亭空壘鶴鑾衡霜貂裘立雪故鄉千里想蘭襟分後
香囊解得應都是相思意 可念蕭齋寂寞冷淸秋秉
花簾子銷魂只有寒煙織暝林閒竹醉此去瑯琊吹竽
擊筑俊遊歡聚問酒闌燭滅夢回鴛枕憶家山未

齊天樂

寄懷吳月川

無端又作天涯客蕭條一簾煩暑故里人遙他鄉晝永幾度傷情羈旅倚闌遠覸但疊疊雲山重重煙樹離思愁懷尺書空自盼鱗羽　追維賭棊鬪頁算怡人裾屐也應如故謂杜郎數狂論心解衣沽酒君家輸與歡聚尋思舊侶歎夢裏魂迷關山無據明月窗西夜深愁萬縷

於中好

題畫

雲根一片容孤坐獨彈罷更無人和曲灣流水泠泠過又斜日前山曈　紅塵十丈休輕浼置卭壑此身非在

玉勾天上爲鄰可只難覓瓊花朶

漢宮春

漢瓦有長毋相忘四篆字其形圓徑三寸蓋椽

題瓴甋也

金屋成時傍未央前殿會貯嬌姝幾年屧窗漾碧掩映流蘇苔痕雨蝕比香姜形製全殊疑作展玉臺小鏡又疑冰裂花盃　是誰鑄盟鐫誓似山河鐵券深勒幽娛長門有人静對腸斷瓊鋪絲絲小篆想靈芸珠淚傾壺

於中好

虧那日鴛鴦墜後仗他恩網輕扶

題仇十洲煮茶圖

茆齋曲室臨清沼恰容得瓦盆爐竈晝眠初醒庭陰悄見一縷孤煙裊　松聲竹籟休相鬧正入耳瓶笙清妙酒仙何似茶仙好又提得葫蘆到

一枝春

洋楓

檮燭丹枝想曾經碧海天梯攀取仙裳乍舞雌霓一痕新縷柔條細數憶石徑停車誰與休誤認門外桃花腸斷昔年崔護　移來錦屏深處有千紅萬紫小園堪賦秋心尚在流水御溝前句殘春短夢只默寄遙情孤嶼

愁幾點暗洗濃糊西窗夜雨

南樓令

題項孔庭柳花圖

慘綠暮煙中花情葉態同正吳姬滿店香融張緒當年人共愛高閣上畫樓東　蘸筆寫春容畫工詩更工似天涯良會重逢悽愴江潭搖落後酒斷影對西風

解珮令

犀珮

纖塵不染纖文未了恰雕就雙螭迴抱玉玦相依似海月乍離雲嶠鎮芳心幾回秋曉　錢紉繡襆杯斟翠醥

又一握貽來娟小縱不丁東也步向畫廊須悄駭窗雞莫教鳴早

浪淘沙慢

庚子六月十三夜同王竹所飲沈䤖樽寓齋

喜新霽雲收斷嶺霧蹵遞堞蘭室壺乾未發燈前更檢俊闋乍促座柔腸千縷結訝窗外溼蔘蔕折便疑有江南夢中路幽懷未應絶清切鳳城夜朗天闊早露下涼蛩先扶砌耿耿聞歎咽知扇障紅塵君定全別豔情易竭窺鬢霜惟有燕臺明月樽畔休辭歌千疊殘更轉酣吟未歇悵高處冰輪圓又缺忍輕向客館孤眠任夜

色空庭冷浸鋪階雪

奪錦標

庚子仲秋毛海客招集寓齋索賦

新月簾櫳涼秋院宇千里驟綢繆卻便啟書帷招客深巷閉門十分瀟灑長安旅伴似今夕歡娛眞寡翦紅燈賭酒論文俱是故鄉風雅　半載紗籠壁上日對君詩似叫眞眞圖畫豈意披襟曲室覉句酣吟清樽共瀉想入生會合定不比萍蓬輕捨奈空梁海燕匆匆別路又逢秋社

眉嫵

題沈匏樽三研齋圖

正寒飈入竹凍影屯梅愁向畫欄倚乍展琉璃匣先朝沐看他瓊潤初洗護綈葉几羨藉温呵凍還未似開徑把臂來三益主賓共凝睇　煙鎖重門深閉怕有人剝啄驚破幽思待瀉金壺汁憑微煖薰爐香餅新試黕雲漸起吮翠毫濃霧窗裏莫飛雪窺檐輕效絮投池水

金盞子

次王竹所韻即以留別

老作遊僧爲一盂粥飯打包行腳萬事總浮雲祗每到花陰難忘裙幄偶然絮影飛來傍東風輕落便撇了家

山綠天深處幾枝殘萼 真錯戀人爵塵海裏何時眼
界拓秋風欲歸須早休還似杯行到手更却但愁別後
吟朋盼遙山一角應念掛壁孤燈繞店寒柝

大聖樂

紫丁香次江橙里韻

緊護朱闌側鋪丹閣氤氳庭院似宛陵一片柔香細裊
斷煙色借暮山何限入抱乍銷無人覺枉團就相思春
又晚海棠畔算堪感路旁幽恨難展 楊花漸看亂捲
問門閉倉琅誰更欵正杳淹桃謝雲沉錦毯風飄紅霰
整頓客愁芳心結悵今夜何人成繾綣風流伴讓嬌唾

叢縐初翦

聲聲慢

官眉山呼新納姬八出見賦此贈之

桂薰漸近釧響先聞仙姬嬰下瑤臺剛道勝常背人便轉裙釵添得相如麗則對逸山佳句新裁贈小豆倩隔簾記曲試倚屏隈（姬八張姓）閒道定情前夜有彩毫狂侶花下傳杯老去樊川只因獵酒還來甃頓氍爐時候醺銀盆湯餅筵開數春雨仗東君勤護蔻胎

探芳信

正月九日集飲分賦

盼春早正旅思無涯吟情未了占買燈前夕孤蟾又林表客廚荒冷辛盤儉隨意向傾倒且相看酒入新年駐將顏好　車馬軟紅道上幾度輪蹄賺將人老白髮燈前夢裏故鄉杳草堂舊日題詩在轉首難重到儘淒涼客去階塵未掃

買陂塘

次韻懷江橙里

小桑根又尋三隱到來無限驚惋昔年同作揚州客二十四橋吟遍眞纏綿有石帚詞人刻炬林鴉散知君老眼對天際青雲花間白月魂斷舊時硯　春江上分手

一帆似蔦長朋從此天遠浮踪便作無家別誰與牽絲記燕情欵欵只罨岸新蘆軟趁江風亂花光滿院算天上人間今花昔樹一樣纏難遣

解語花

舟中同吳二匏作

蘆汀月冷柳岸風淒一舸凌波小霧鬟雲鬢偏嬴得幾夜惱人懷抱幽情暗繞對新月愁眉彎早倚舵樓無語銷魂極目寒煙渺 瘦影淸漪並照只危舷幾尺似隔天表殘糚掃休惆悵繡闥瓊鋪難到吟箋賦槀也湖海飄零將老趁暮潮燈火揚州又玉簫聲杳

揚州慢

湖上餞辛楣學士入都同賓谷裕圃對琴作

殘雨迎秋斷虹收暝綠楊一片城西倩湘靈妙詠寫遠黛峯齊羨書畫扁舟到處酒人詞客襟袖爭題奈沙鷗涼夢今宵偏隔前溪　俊遊舊侶憶當年樽酒同攜悵盡日重尋紗籠粉堵塵蹟都迷此後玉堂清夜應還念茅舍疏籬怎簫聲聽罷停觴旋更歌驪

道光歲次丙申孫琨謹編次

曾孫疇

醍校字

詞鈔卷六重校錄

喝火令 詞律載黃山谷詞六十五字體此詞前結落二字

淒涼犯 此詞律載夢窗九十一字體白石九十三字體此詞與白石字數同惟姜吳俱首句四字起韻次三字讀次六字句叶此詞疑有誤

鳳池吟 換頭應六字句此詞落一字

眉嫵 前半數牛生句多湖海二字

一翦梅 掘頭疑是撅頭之誤

江城子慢 詞律此調一百九字體匆匆句應上三下五此詞落一字

玉燭新 題落用史梅溪詞韻六字

喜遷鶯 題落用蔣竹山詞韻六字

秋霽 題落用史梅溪詞韻六字

秋宵吟 詞律載白石詞注云應作三疊亦雙拽頭之調也此詞前一疊應於難曉分段

曲遊春 詞律載草窗詞注引王竹澗詞第九句只六字此詞和竹澗韻前結試看句亦六字

浪淘沙慢 題落用周清真詞韻六字

奪錦標 詞律載張埜夫詞一百八字體此詞長安句落一領句字自便啓以下與後豈意以下字句同也

解語花 後半殘粧句落一字應與前半霧鬟句同是四字句

全椒　金兆燕　鍾越

摸魚子

次吳梅查韻卻寄

掃苔痕籬門初啟綠陰深處宜夏衣塵浣盡房櫳潤斜日又侵簾罅初命駕憶四五經年蠹簡曾無暇故園蓬舍任到處伊威蠨蛸滿目塵暗鄰侯架　紅橋路遙識冶春遊罷名流何限任謝懷人極目登樓處應念綮萍飄惹沈醉夜定對月聽歌還把柔情寫燈前舞蔗勸三五朋儕休憐倦客淒冷舊吟社

水龍吟

淨香園觀荷

香臺高矗香雲衆香國裏開詩囿綠蓋侵屏紅衣繞座賓延秦柳莫遣秋心苦薏藏蓮怨絲縈藕看一輪初墜千枝競舞遙浸入凉峯秀　畫舫又還遙逗艤蘭橈定應懷舊採後歌沈舒來夢杳明珠空潄花漏聲遙寶燈影在幾年塵垢且陂塘六月效他河朔盡今宵酒

壺中天

月夜飲池上

晚涼池上乍西峯匿彩半輪沈璧一片望舒呈素影遙

共酒人浮白冰雪心腸煙虹儔侶不負荷花客火雲散後洪爐乍掩炊烟 依稀斷岸人招晶簾捲處肩聳湖心石不許眠鷗雙夢穩小艇一聲長笛叢葦風來疏螢飲去幾點星光夕芳筵未散碧蓮香更輕擘

桂枝香

題張桂巖岱宗圖即送歸里

蒼崖紫嶠是明日離人斷腸懷抱疊恨凝愁一幅大癡新稾天涯幾載同歡笑甚悄襟筆端難到指痕皴處掌文澹就岱宗奇妙 正齊魯遙青未了忍一鞭空付晚煙殘照移向高齋留伴水雲孤嘯他年錦䠞隨歸棹壓

茆簷遙翠天表醉中憶遠吟邊讀畫臥遊堪老

齊天樂

汪鄰初如君三十初度

看山樓上纖纖月影搖牛垂簾處竹樹園亭星河院落似聽凭肩私語鶯年燕譜證百歲良盟鵲橋仙侶拈得秋花浴蘭人在涓盤住　笙歌滿堂未闋正斑衣稡褋同效萊舞綵伴頻招桂薰暗逗清籟涼颸庭戶華筵墜露更細結蛛絲共穿金縷水拍銀盆祝祺深夜午

八寶粧

題周小濂載書圖

突兀高轅蒼茫古道人影夕陽荒戍屆戹牙籤堆錦贉

大好書生家具相逢疑是尉遲精婢珍厨三車今夜知何處應使板橋霜店乍成羣府　久信邊腹便便菲寒枕冷羽陵猶怕輕蠹但伴得陸家裝穩便長似米家船住我亦連年醉旅作碑讕語空諛墓笑敝麗郎當飢來一字不堪煑

邁陂塘

丁義門於便面上作蒼茫獨立圖爲周心僧寫眞毛海客與其子青士題詞其上心僧郎依韻和之並邀同作

左神天平湖萬頃惹來何限僝僽錢來山下尋洙石何
似園名無垢夸父走便棄杖林間汗漬中單透雨消風
瘦問鵝鴨比鄰鷄豚邨社誰向少賓祝　江湖夢我亦
半生虛驟吟情空寄遙岫幾回獨立蒼茫外不見此身
鷗鷺君信否算香海無邊止作文章囿一帆潮罨待素
練銀濤隨風捲盡放眼自無痕

木蘭花慢

春江花月夜

賺遊人不寐縈冶思是春江正幾點鵑魂一輪蟾魄儼
對明糚昏黃迷離莫辨玉鈎斜殘夢在雷塘誰向畫船

吹笛隔波喚起鴛鴦　濃香易惹愁腸侵露腳溼仙裳
悵獨客登樓三更對影千里思鄉冥茫春園宴罷但飛
英和月轉長廊鄰寺曉鐘休動有人未了壺觴

風流子

次蔣藕船韻

玉鉤斜畔路茸茸艸已過晚春時悵酒餞離人驪歌易
散鞭停晚店蛇壑驚馳會幾載鏡中雲似夢簾外雨如
絲槐國功名蹉跎自惜蘆碕歲月蹭蹬誰知　憐君名
家子江湖老且盡瀲灩深卮又到少年前地再訪牙期
剩白髮愁人燈前薄醉青衫狂客花下濃癡好向茱萸

灣口更結離思

秋霽

秋夜泛月同江橙里用草窗韻

庾墓秋空乍王郎一曲水濱寒笛斷港彎環疎星零落遙僧似曾相識郵煙漸失金波攪碎平湖色定還惜今夜哀荷一點露中白　共憶大江漁弟樵兄別後愔愔望雲無迹冰壺一片斷魂難認畫上筆魚鑰高城香夢隔拚教沈頓待他殘月穿林醉扶歸去曉天澄碧

滿江紅

春日邀周竹樵作湖上之飲因赴他召不至次

日以佳詞見示依韻詶之

老去嬉春渾不厭連朝酒惡林舍外更邀舊雨共看新萼花下好爲金谷會壚前急指銀瓶索笑野人經濟在山林原盤錯　吾固召君堅却似下子輸先著想膺門此夜觴行倍樂岸柳漸舒青黛眼山泉久洗紅塵腳囑他時雞黍再相招休辜約

催雪

丁丑眞州除夕

雲壓頹檐風吼破窗窓雪侵階漸滿便不是他鄉也應魂斷撥盡紅爐宿火但短詠低吟還長歎塵封筆格冰

凝硯滴有誰來管 孤館意何限任蕭瑟江關故山拋
遠算夢裏江淹彩毫都嬾點點殘更數遍問寂歷寒宵
何時旦悵半生辜負桑蓬輕把歲華偷換

輪臺子

前詞成後篝燭孤吟戴遂堂先生聞辜負桑蓬之句詢知是日爲余四十初度乃命其小阮藍輝明府張燈設筵重集同人痛飲達旦郎席復成此調以誌感謝之私

守歲杯盤已罷又洗醆呼朋列座樽前說到年華惹我
夢瓊交墮浮生已是無聞況鄉園咫尺寒雲鎖念衰顏

倚杖甚日循陔歸期果一枝聊借安棲感知己爲憐坎坷數遊踪遍燕南趙北幾番塵埰看燭穗齊高雪花漸大且一笑團圞共謀鬼哉我莫更管暮影飛騰四十明朝過

邁陂塘

庭樹爲大風所拔次侍補堂韻

罨高甍陰森一片庇人曾記如許重來小院停吟屐忽訝斷雲飄絮空四顧但寂寞虛檐替戾風鈴語孤根尚踞便畱向秋深一編堪讀兀坐更誰與　闌干外鎮日移牀幾度中街炎轡方午鋤童拾得枯枝在宿火自調

文武凝眄處休枉怨青苔入榻長安雨荒庭作暮且解取輕衫挂將蘿薜戲作漢槎賦

洞仙歌

晚香玉

茗華琬壁愛妙香幽好只合天斜伴蘇小向棗花簾下幾陣柔颸深夜裏逗取閒情多少　嚲鬟垂小鬢影匿烏雲恰似飛煙入懷抱莫怨近黃昏朝槿年華也一樣芳容易老且扇手今宵一時同待貯夢羅幃蕙爐清曉

洞仙歌

家蕊中舍人於摺扇上臨米帖見貽賦此爲謝

鈴騾韈馬正緘將行篋忽見明珠餉稠疊愛金壺妙汁珊管清輝都沁入小棱湘紋新褶　持歸休障面置向懷中定有清風暗生脅一日幾摩挲灑地花天肯輕付晚螢朝蝶笑我亦人前最癡狂試更爲重臨辨顛殘帖

長亭怨

丁亥秋日暫至都門侍補堂施小鐵鄭楓人各賦長調爲贈次補堂韻酬之

暫相見槐榆兄弟各歎天涯一枝難寄擫笛宮牆鬢絲還照御溝水病中鄉思伊直恁愔愔地應笑遠遊人似匹馬頓塵三市　休矣且蘭湯斗斛閉戶爲余清洗絺

市作起早悵觸故國秋意料此皆翠竹江郎正堪與荷花同醉肯如此光陰拋向軟紅塵裏

前調

次小鐵韻

乍筵畔披衣而起試看酡顏者番眞醉作作秋星晝檐疑注絳河水夜將闌矣空贏得離愁味蓬轉慣平生算未有匆匆如此　曾記向城南小住賒遍市門珠桂金臺再倚早魂斷酒人羈思況鄰笛送到悲音感泉下蒼茫人世謂戴遂堂先生忍更向西風分手燕山亭裏

前調

次楓人韻

且今夕一杯同此莫管征車曉鐘催起轉首河橋鴈聲纔過便遙矣倦遊情味全讓了知歸水折柳賦驪歌又賺得多才東里　南指有江雲幾片籠住菊黄萸紫胡盧自背任談笑何知程李入世法子欲云何養生主我聞如是試各對凉秋參向木樨香裏

減字木蘭花

蓮花寺僧舍懷蔣春農舍人四首

蓮花灣下青豆閒房摶結夏秋雨禪關會記敲詩共竹山　古槐陰密依舊向人濃翠溼此樹婆娑爲爾天涯

喚奈何

蕭騷吟袂又到東西雙古寺燕子銜花猶認當時舊謝家謝金圃太史舊住法源寺傍余屢經下榻其宅依人作客一笑浮踪如落葉北固高秋羨爾狂吟多景樓

冰牀雪被我自半生甘冷味熱惱遍隨鞍馬高生向武威扁舟明日秋水直沽東下疾叢桂香中待爾披襟一醉同

浮生蓬轉桑下原無三宿戀憶事懷人未免當前得句頻枳籬花徑閉戶著書堪大隱莫憶行窩蛛網蝸涎積漸多

駐馬聽

海棠鈴

獨繫秋深正斷腸連宵況又愁霖芳姿暗減餘香自惜牆東料少知音忒淋侵似晚糚褪了紅襟空寄遙情欲扶還墜小顫苔陰　休占秀支替戾消息全沈也數遍遙漏聽遍寒碪因甚懨懨睡去直恁虛響難尋對冷豔憶征輪一倍驚心

玉漏遲

閏七夕

隔年期慣杳今年却賺填河仙烏匝月相思也自黛痕

愁繞瓜果筵前更設聽絲管全翻新調還共笑鸞臺此度莫嫌餘嘯　侍兒寶帳重熏定暗逗芳心玉清年少前夜今宵一樣者般難了機杼更籌漸永悵秋冷銀灣瀟照深院曉離情又添多少

一萼紅

杏花

鬧東風向鳴鳩屋角斜嚲出牆紅挑菜人間賣餳簫冷倚雲初見芳踪記曾共青衫白傅趙郵邊游戲洛城東塞北光陰江南消息總付歸鴻　莫問爭春舊事聽幾番長歎暗惹愁悰深巷門庭小樓簾幙孤眠夜雨聲中

吹笛天明正好又仙姝嫁後綠陰濃極目殘英亂飛十
里濛濛

齊天樂

桂未谷得趙子昂名印索賦

傷心玉馬來朝後趙家應少完璧狐兔宗祊荊榛廟社
留得香名片石愁縈恨積伴芳草王孫幾年沙磧寒影
沈沈土花松雪舊齋色　當時檢封遙寄定仲姬奩畔
纖手親擘小楷琅箋幽蘭錦幅何限風流遺跡紫泥重
剝是故國殘灰蘚侵苔蝕驗取鵑痕一絲天水碧

賀新郎

鶴齡娶婦同荀叔用迦陵送紫雲郎合巹韻贈之

雪意遙天釀送歸人霜風一夜片帆輕漾聞道新成金屋好還窨舊愁心上且自把菱花偷相消得何郎偎粉面想芙蓉雙豔應無量好裁取錦爲帳 幾年書硯幽輝傍忍今朝落花飛絮雨淋風颺同憶曩成初捧手又聽汝南雞唱想左右巫雲一樣配得金童惟玉女揭流蘇更剔銀燈亮只孤鶴枉遙悵

臺城路

讀王竹所杏花邨琴趣偶題一闋即用集中原

韻

山中舊夢雲猶白鷺逢玉田詞手銷盡吟魂賺來綺語應在花前鴈後梅兄竹友有多少閒情在君懷袖肯把瑤音伴他秦七與黃九　軟紅塵裏插脚偶然萍聚處相對清晝減字箏中偷聲笛外也勝雙輪癡走評花課柳問值得詞人幾番消瘦井水甜難容伊都唱否

應天長

題石湖春泛圖爲江橙里作

岸容浸淥波影漾紅吳天付與吟客載得曉粧人去遙峯賽眉碧橋横帶廊響屧正治思柔情紛追斷魂處萬

壑千巖一片春色前度勝遊存鶯老花殘舊事暗銷歇記起那時清興煙巒盡飛越憑持取全幅帛倩好手細描輕抹臥游意欲說還停香夢難接

醉太平

題李端舒詞集

琅箋句新瑤音字芬知君詞客前身定山中白雲林間翠鈎花間畫輪故園多少芳春想高樓斷魂

曲江秋

和楊无咎韻

斷鴻聲歇正一抹遙天晴霞紅熱鳥外翠浮煙中影小

寒螺初綰髮艮會肯虛設況江漲琉璃滑且捲簾旋波
光颺空遠帆高揭　愁絕離懷似月晝樓外雲峯萬疊
分明前夜夢孤篷同聽涙捲千層雪別路太匆匆山亭
轉首旋迷滅正盼斷秋宵漏長倚枕那堪鳴鴂

訴衷情

啼鳥春曉花信早弄芳菲高閣上羅帳晝簾垂影遲一
燈微凄凄晝寒人起遲皺雙眉

齊天樂

一規小牖藏嬌屋愔愔正當春晝篆冷茶煙陰移竹逕
殘夢欲醒還又金釵乍溜悄窺得惺忪碧羅衫皺剩雨

陽臺定應未抵夜來驟　知他銷盡蝶粉只閒庭幾步
花影苔甃約住芳魂迷來倦眼　一晌追尋眞夠朦朧未
久更綠樹流鶯幾聲遙逗素頸初撞驗靨痕紅透

摸魚兒　以下失題

點玲瓏甃紅皺碧名園多少春事小軒透出風兼月管
得滿簾花氣良會易有梓澤蘭亭舊逕松苔碎重關乍
啟認選石亭邊煮茶泉畔結伴又來此　幽篁裏一片
濃陰委地七峯高下相繼風流前輩吟魂在歲月茫茫
如水多異致添幾處坡陀斜對烏皮几羃懷遠意且拚
著今宵一枝橫笛吹向杏花底

壺中天慢

碧波無際有美人香草往來看遍又到湘帆回轉地九
面晴雲未散苦竹枝中怨鴣聲裏攜手過江劍機兒雲
弟吟情此日何限 載得鷄犬圖書全家一舸莫報郵
籤遠謝女糙成仍內集不遣課詩功斷湘浦煙生君山
日落波熨光湊亂浮名休問楚天雲雨千變

壺中天慢

都門帳飲指潞河新月蘭旌且駐目斷鳧飛雙舄遠容
易拋人便去駿骨金臺酒壚燕市歸夢應回注扁舟今
夜夜涼知泊何處 幾載橋上簫聲簾前人影喚遍江

南渡吹笛花樓人薄醉又過藕鄉荷路騷客山川仙源歲月莫漫將愁訴洞庭書問有人還擬遙附

木蘭花慢

東風吹水皺正淺碧皺韡紋乍去去來來高高下下白小紛紛隨波惹苔戲藻羨逍遙未滅北溟鯤留得清泉滿腹肯將芳餌輕吞　羣分逐隊自朝昏弄影護香雲便若鋳深潛泥窩穩住樂也沄沄庚辛誤他幾載悔堂上策策枉因人莫信龍門有浪桃源負了仙春

高陽臺

赤繖騰炎丹崖駐暑幾疑沒箇秋期拂曉微涼冰肌乍

試生衣分明一　析蕉窗碧夜來聲畢竟何依漸寒滴鬧
菊匀蓉又到霜時　薤文珍簟應猶在只宵深膩冷有
夢先知蟋蟀階前莫教一片輕催天涯流火星輝燦料
難停織女機絲日沈西蕙帳弸環夜漏休遲

琴調相思引

靉靆輕陰澹不流玲瓏碎影晚初收七條弦上喚起一
天秋　偶戀黃昏貪小芷獨看碧落自凝眸寒梢月上
玉軫露華稠

祝英臺近

冷金牋殘粉印留得舊時譜零落宮商還憶斷腸句幾

番花底偷聲樽前減字又重向涼宵私補　儘吞吐遙天只共愁娥幽懷暗中訴餘韻悠揚招下九霄露知君廿四橋邊玉人尋遍有多少别來淒楚

水龍吟

看殘明月揚州忽驚簫譜仙鸞玉清才絶調洛神子建湘靈錢起桐幄虛簷枳籬幽逕晚涼深翠正斜陽過後紗幮拓盡長吟遍黃昏未　同是天涯萍寄悵登臨水雲無際華顛種種連年猶抱蠹魚乾字莫倚新聲微雲衰草都成愁思且樓頭試望澄江鏡面點青螺髻

醉蓬萊

正清秋庭院香滿煙叢碧穿雲徑吟社八來會華筵湯餅叉手尋詩墊巾讀畫稱雅懷心性玉露階除金波樓閣冰壺佳境　笑我頻年歲華輕換空對雲天自凋霜鬢多事桑蓬賺四方遊騁列炬開樽選花調琵羨錦屏風景更囑明宵定須看足桂娥圓影

沁園春

自別西湖一十三年流光易頹記鎮海樓前尋君詩窟仙靈寺裏訪我經臺草草分攜悠悠間闊汗漫何從期九垓驚疑甚似蕤賓古鐵乍躍苔階　攬袪還更低徊歎蓬蹋天涯事總乖又曉帆將挂郵亭衰柳暮煙空憶

官閣寒梅已忍伶俜強移棲息懷抱何時得好開論心地且一杯相對弟橘兄槐

前調

杜牧揚州幾載蕭條茶煙鬢絲笑年年閉置避人新婦朝朝孤嘯失侶羇雌赤水難求延津易合造物於人似弈棊生平事算良緣稱意未有如斯　明年小闢荒畦也吾愛吾廬自護持計芍藥開時定邀近局荼蘼架就好賦新詩緩帶聽鸝墊巾招鶴醉則花間騎馬歸從今後便穩安徐榻待欵袁扉

摸魚子

海雲收碧天如沐一杯休負麥尾晚煙輕入眉痕淡池面涼風初起斜照裏渲杏子單衫影浸微波翠吟肩乍倚便別樣惺忪幾番憐惜消得眼兒媚　拋羅帕且把相思共試小名他日須記書空濃笑應無數長吉詩濃笑書空作唐字　摘得同心梔子看逝水怨草草韶光只是添秋思和他薄醉有拍岸蘆花插天楊柳怎忍便分袂

鶯啼序

園林霽煙乍起正初陽在戶渚蓮葉遥出波心水亭堪共朝暮聚仙會羣賢畢至迎人早見雙珠樹笑髯翁扶杖樽前尚如風絮　幾載江湖載酒縱飲向晴嵐煖霧

治遊地題遍幽襟豔光都在毫素倚危舷吟紅醉碧數聲咽高城歌縷楚天遙芳草萋萋暝濤飛鷺 君留漢佩我客燕臺遠鴻悵異旅舊夢繞十三樓下鬟影衣香畫閣珠簾幾絲秋雨繭情易老萍蹤還聚簫聲招我溪橋外又輕橈小泊當時渡羅含宅畔依然共數昕昏此間便是吾土 涼生越舫雨灑秦箏任暗飄袖芷 算迤邐湖光山黛步步宜人葦岸須停柘枝曾舞商顏伴侶芝籛竹杖逍遙蓬島原兒戲更休談功業鋼標桂他時金鼎丹成橘弟槐兄定相顧否

奪錦標

霞彩舒丹潮光展素滿目秋容如織恰稱文壇筆陣飛
將孤鶩奪來高幟羨長堤疎柳尚堪染新衣濃汁瀼袍
花雙袖拖藍翠竹白沙無色　空悵天涯倦客一棹沿
洄舊境又尋吟屐記向蕭齋寒夜燈下藏鉤酒邊吹笛
甚光陰似水早添了庭柯幾尺問垂綸海畔仙郎可許
苕磯同立

撥棹子

芳草渡西泠路十里紅衣酣日午浮一舸中流容與問
催著雙槳隨君何處去　風裳水佩知無數月地雲天
隨是主捹盪入藕花深處看一隊傍晚鴛鴦何處住

夢橫塘

泠螢庭院斷鴈簾旌客懷無限淒楚怨笛聲聲又淚迸西風寒雨移座看花選觴行酒黯思前度正江蓉未老籬菊堪尋殘霞外催君去　春城一桁柔絲記牽情送我短棹南浦走馬長楸只夢戀江皐煙侶甚三徑重披翠幄轉首人琴便千古谷口斜陽可堪孤影對傷心秋暮

喜遷鶯

客懷瀟灑愛曲巷小樓夕陽凝赭載酒花前聽歌柳外芳草又過春社海上微雲作斂城上嚴更未打暝煙裹

且閒襟坐對畫堂清暇　良夜剛趁得三五後遊隨意
傾杯暈燈影迴廊竹聲小院重到醉吟簾下今夕玉山
須倒明日蒲帆將挂縱酣叫任梁間燕子夢回輕罵

水調歌頭

此日浩然去何日更重過落葉空廊繞遍倚檻且高歌
料擻征途囊襆收拾隨身竿木揮手莫蹉跎芳草江南
岸前路白雲多　魚縱壑鷹掣鞴樂如何幾番惆悵不
堪遽別是庭柯却顧銅童茗卒長揖竹兄石弟相勸醉
顏酡回首二分月天外鏡新磨

飛雪滿羣山

小盆冰堅蒲根無恙詠蒲更有何人中庭乍暝重簾垂地奉倩應早傷神況塵封遺挂閃燈影湘紋繡裙最驚心處禖祝畫屏猶自裊爐熏　曾記共翦刀池畔坐西風涼夜雨暗螢昏茶煙藥裹年年長是伴蛾岫淡朝痕只班姬遺誡傳幽閨千秋秘文簫聲乍杳高臺粉月空斷魂

黃鸝遶碧樹

花事能多少愁中醉裏便教春盡穩計今朝向湖天好處定多遊興畫船正艤悵風雨城陰先暝惆悵似餞客來遲祖帳離筵俱冷　莫歎吟節未整且蕭齋共謀歡

飲這情味便名園走徧難繫春影細數半生舊約大抵
是無憑準休將花期更教先訂

道光歲次丙申孫琨謹編次

曾孫醻

醍校字

詞鈔卷七重校錄

八寶粧　詞律載李景元詞一百十字體此詞後平我亦句落一字

秋霽　詞律載梅溪詞一百五字體此詞後半冰壺句上落一字

長亭怨　第二調衣字誤夜字

減字木蘭花　第三調偏字誤作遍

鶯啼序　題落用吳夢窗詞韻六字

黃鸝遶碧樹　詞律載周清眞詞九十七字後結休將句落二字

（清）金兆燕 撰

旗亭記二卷（卷上）

清乾隆二十四年（1759）盧氏雅雨堂刻本

乾隆己卯

旗亭記

雅雨堂藏板

乾隆乙卯

旗亭記

雅雨堂藏板

旗亭記事蹟

集異記

開元中詩人王昌齡高適王之渙齊名時風塵未偶而遊處略同一日天寒微雪三詩人共詣旗亭貰酒小飲忽有梨園伶官十數人登樓會讌三詩人因避席隈映擁爐火以觀焉俄有妙伎四輩尋續而至奢華艷曳都冶頗極旋則奏樂皆當時之名部也昌齡等私相約曰我輩各有詩名每不自定其甲乙今者可以密觀諸伶所謳若詩入歌詞之多者則為優矣俄而一伶拊節而唱乃曰寒雨連江夜入吳平明送客楚山孤洛陽親友

如相問一片冰心在玉壺昌齡則引手畫壁曰一絕句尋又一伶謳曰開篋淚沾臆見君前日書夜臺何寂寞猶是子雲居適則引手畫壁曰一絕句尋又一伶謳曰奉帚平明金殿開强將團扇共徘徊玉顔不及寒鴉色猶帶昭陽日影來昌齡則又引手畫壁曰二絕句之渙自以得名已久因謂諸人曰此輩皆潦倒樂官所唱皆巴人下里之詞耳豈陽春白雪之曲俗物敢近哉因指諸伎中最佳者曰待此子所唱如非我詩吾即終身不敢與子爭衡矣脫是吾詩子等當須列拜牀下奉吾爲師因歡笑而俟之須臾次至雙鬟發聲則曰黄河遠上

白雲間一片孤城萬仞山羌笛何須怨楊柳春光不度
玉門關之渙即揶歈二子曰田舍奴我豈妄哉因大諧
笑諸伶不喻其故皆起詣曰不知諸郎君何此歡噱昌
齡等因話其事諸伶競拜曰俗眼不識神仙乞降清重
俯就筵席三子從之歡醉竟日

全唐詩

王之渙并州人兄之咸之賁皆有文名天寶間與王昌
齡崔國輔鄭昈聯唱迭和名動一時

唐書

王昌齡字少伯江寧人第進士補祕書郎又中宏辭遷

汜水尉不護細行貶龍標尉以世亂還鄉里爲刺史閭邱曉所殺張鎬按軍河南兵大集曉最後期將戮之曉曰有親乞貸餘命鎬曰王昌齡之親欲與誰養曉默然昌齡工詩緒密而思清時謂王江寧云

高適者渤海蓨人也父從文位終韶州長史適少濩落不事生業家貧客於梁宋以求丐取給天寶中海内事干進者注意文詞適年過五十始留意詩什數年之間體格漸變以氣質自高每吟一篇已爲好事者稱誦宋州刺史張九臯深奇之薦舉有道科時右相李林甫擅權薄於文雅唯以舉子待之解褐汴州封邱尉非其好

也乃去位客遊河右河西節度哥舒翰見而異之表爲
左驍衛兵曹充翰府掌書記從翰入朝盛稱之於上前
祿山之亂徵翰討賊拜適左拾遺轉監察御史仍佐翰
守潼關及翰兵敗適自駱谷西馳奔赴行在及河池郡
謁見元宗因陳潼關敗亡之勢曰僕射哥舒翰忠義感
激臣頗知之然疾病沉頓智力將竭監軍李大宜與將
士約爲香火使娼婦彈箜篌琵琶以相娛樂樗蒱飲酒
不恤軍務蕃漢及秦隴武士盛夏五六月於赤日之中
食倉米飯且猶不足欲其勇戰安可得乎元宗嘉之尋
爲成都尹劍南西川節度使封渤海縣侯

楊國忠嗜飲博數丏貸於人無行檢不爲姻族齒從父玄琰死蜀州國忠護視其家裒其貲至成都費輒盡乃亡去天寶七載擢給事中兼御史中丞李林甫死遂拜右相兼文部尚書集賢院大學士安祿山方有寵總重兵於邊偃蹇不奉法帝護之下莫敢言國忠獨暴發反狀帝不之信國忠寡謀矜躁謂祿山跋扈不足圖故激怒之使必反以取信於帝哥舒翰守潼關按兵守險國忠聞欲反已疑之乃從中督戰翰不得已出關遂大敗降賊帝出延秋門國忠與韋見素高力士及皇太子諸王數百人護帝右龍武大將軍陳元禮謀殺國忠不克

進次馬嵬將士疲乏食元禮懼亂名諸將曰今天子震蕩社稷不守使生人肝腦塗地豈非國忠所致欲誅之以謝天下云何衆曰念之久矣事行身死固所願會吐蕃使有請於國忠衆大呼曰國忠與吐蕃謀反衛騎合國忠突出或射中其頰殺之爭噉其肉且盡梟首以徇帝驚曰國忠遂反邪時吐蕃使亦殲矣御史大夫魏方進責衆曰何故殺宰相衆怒又殺之四子暄朏曉晞暄位太常卿戸部侍郎聞亂下馬蹶衆弩射之身貫百矢乃殕朏尚萬春公主位鴻臚卿陷賊見殺曉奔漢中爲漢中王瑀搒死晞及國忠妻裴柔同奔陳倉爲追兵所

斬柔故蜀倡也併坎而瘞

通鑑綱目

天寶十五載六月哥舒翰與賊戰於靈寶大敗賊遂入關　是時天下以楊國忠名亂莫不切齒王思禮密說哥舒翰使抗表請誅國忠翰曰如此乃翰反非祿山也或說國忠朝廷重兵盡在翰手翰若援旗西指於公豈不危哉國忠大懼募萬人屯灞上令所親杜乾運將之名爲禦賊實備翰也翰聞之亦恐爲國忠所圖乃表請灞上軍隸潼關名乾運斬之國忠益懼會有告賊將崔乾祐在陜兵不滿四千皆羸弱無備上遣使趣翰進兵

復陝洛翰奏曰祿山久習用兵豈肯無備是必羸師以誘我若往正墮其計中且賊遠來利在速戰官軍據險利在堅守況賊勢日蹙將有內變因而乘之可不戰擒也要在成功何必務速今諸道徵兵尚多未集請且待之郭子儀李光弼亦請引兵北取范陽覆其巢穴賊必內潰潼關大軍惟應固守以弊之不可輕出國忠疑翰謀已言於上以賊方無備而翰逗留將失機會上以爲然續遣中使趣之項背相望翰不得已撫膺慟哭引兵出關遇賊於靈寶西原乾祐先據險南薄山北阻河隘道七十里翰使王思禮等將精兵五萬居前龐忠等將

餘兵十萬繼之翰以兵三萬登河北阜望之鳴鼓以助其勢乾祐所出兵不過萬人什什伍伍散如列星或疎或密或前或却官軍望而笑之兵既交賊偃旗如欲遁者官軍懈不爲備賊乗高下木石擊殺士卒甚衆道隘士卒如束搶槊不得用翰以氈車駕馬爲前驅欲以衝賊日過中東風暴急乾祐以草車數十乗塞氈車之前縱火焚之烟焰所被官軍不能開目妄自相殺謂賊在烟中聚弓弩射之日暮矢盡乃知無賊乾祐遣精騎自後擊之官軍大敗後軍自潰河北軍望之亦潰獨翰與麾下百餘騎走入關乾祐進攻潼關克之翰至關西驛

揭牓收散卒欲復守潼關蕃將火拔歸仁等執以降賊
俱送洛陽
至德二載安慶緒殺禄山　禄山自起兵以來目漸昏
至是不復睹物又病疽性益躁暴左右使令小不如意
動加箠撻或時殺之嚴莊雖貴用事亦不免箠撻閹豎
李猪兒被撻尤多左右人不自保既而嬖妾生子慶恩
欲以代慶緒慶緒懼莊謂之曰事有不得已者時不可
失慶緒從之又謂猪兒曰汝不行大事死無日矣猪兒
亦許諾莊與慶緒夜持兵立帳外猪兒執刀直入帳中
斫禄山腹禄山捫枕旁刀不獲曰必家賊也遂死

旗亭記目錄

上卷

上頭　釋疑

合巹　亭圓

開場

蝶戀花　畫壁風流爭羨美不遇嬌娃絕調誰知已一曲涼州千載矣才人幾箇能如此　點筆休嫌多附會恢復奇功抹殺貔貅輩決勝但憑謀定耳留侯那戴盔兜子。

滿庭芳　才子王郎、同羣三友、請詞共播優伶、酒樓歌板、畫壁賭才名、一曲黃河遠上、知音遇便締姻盟、風波起、辭榮得禍、避難去江寧、　佳人遭寃擄、從容刺逆、封號先膺、賜狀元爲配、恩出宮廷、兩下交辭錯認、都只爲、名字全更、疑團解、成婚賜宴、佳話演旗亭、王之渙聽歌吐氣。　謝雙鬟憐才得婿。
除國賊女子奇功。　宴旗亭才人勝會。

第一齣　旅話

生上

〔雙調引子〕〔風入松慢〕蟠胸錦繡吐奇芬。風雅扶輪。光搖五色蓬萊近。盼扶桑瑞靄氤氳。抖擻鸞翎鳳翮。翱翔紫府青旻。

〔集唐〕玉鞭騎馬出長楸、千首詩輕萬戶侯、欲到龍門看風雨、碧天無際水空流、小生姓王、名之渙、并州人也、吹笙貴胄、叱馭名家、經傳子而硯傳孫、青箱世業、金爲昆而玉爲友、紫電門庭、小生尚未乘龍、早歌鳴鹿、計偕輦下、爭稱國士無雙、譽噪寰中、恥居才名第二、便是那潘江陸海、不讓他藝苑良工、說甚麼杜聖

不惜歌者苦
但傷知音稀
此旗亭記之
所爲作也

李仙也推我文壇飛將只是一件前輩諸公凋零將盡俗語說得好相識滿天下知心無幾人我做來的樂府無篇不傳那傳我樂府的也無人不讚究竟爲甚可傳那隔靴撓癢的讚語竟至全不相干靜言思之可發一歎只有江寧王昌齡表字少伯才華洋溢不愧登宏詞博學之科詩卷流傳果然有密緒思清之妙與我齊名輩下未辨雌雄偕大長安只有這一個文字知已今日天氣晴和不免到他寓所清談片刻（向內介）店家照應房門我去拜客就來（內）曉得了（生行介）

【仙呂入雙調過曲】【月上海棠】車馬塵三條九劇喧豗。甚看銅溝金埒曉露初勻。這裡是鬧嚷嚷綺榭歌聲。那裡是顫巍巍巍綵樓花影尋幽境。隨灣兒轉過平橋。翠陰中記有籬門。

來此已是、不免叩門、（叩門介）（小生上）不好詰人貪客過、正逢病酒報春歸、原來是大兄（坐介）（小生）幾日不見大兄寓所何事、（生）獨寓寂寥、特尋大兄清談、（小生）輦轂之下、才俊如雲、大兄到此已久、可曾會過幾個真實名士麼、（生）名士雖多。真實的却少。

【姐姐帶僥僥】（好姐姐）休論騷壇冠軍。揮麗藻相如枚乘。便

調笑不淺卻是正論

此非表少伯虛心正引出達夫耳

齊梁小賦也還難步後塵。近來的人不肯讀書卻創出一種議論說詩有別才非關學也既不能學富五車那得會吟工七步大兄【僥僥令】你看這些挾策長安人如海有幾個道上攻書的朱買臣【小生】大兄也言之太過了

【前腔】通津聯裾擁輪怎沒個瑰奇英俊向文壇藝藪超然邁等倫【生】邁倫之才只有大兄了【小生】說那裡話就是寂寂寥寥無人處也有個獨守元亭的揚子雲【生】據大兄說來此間定自有人了不知大兄可曾見過幾個【小生】此間有個朋友姓高名適一向作尉封

邱如今僑寓在此性情傲岸意氣雄豪武略兼精詩
文俱妙據小弟看他所作沉實高華不在沈宋諸人
之下哩（生）是舉過有道科的高達夫麼（小生）然也
（尹令）他是個冀北空羣神駿縱康衢定堪馳驟只這幾
句詩呵歎英雄偶抒餘蘊超倫軼羣也算得翰墨場中
老斲輪
（生）我聞得高達夫五十歲纔學爲詩現在流傳海內
的這些歌詞樂府清新俊逸真是不可一世之奇才
既在此間就往尋訪纔是（小生）天色已晚恐他不在
寓中待小弟先遣人通知他大兄明日早來同去罷

（生）如此甚好小弟且回寓去、

【尾聲】清談片刻消羇悶。（小生）喜相望寓廬差近。（生）只愁這堀堁塵中暝色昏。

車馬長安日日忙、　森然槐柳各傍徨、
誰知寂寞同心侶、　閑話高齋白晝長、

（生）大兄可就叫人知會去、小弟尋知己的一片熱腸。已是急不能待的了。（小生）曉得、（分下）

音釋

豗音灰衆聲也　埒音勒短垣也　堀堁音屈顆宋玉風賦堀堁揚塵

第二齣　春遊　外上

【黃鍾引子】【天仙子】磊落壯懷空自負。歲月驚心逝水流。男兒何不帶吳鉤。躭句讀。窮鏤鏤。綠鬢鏡中成皓首。萬事勝人。健如虎。高才何得混妍媸。一生自是悠悠者。心在青雲世。豈知下官高適。字達夫。渤海人也。襟懷軒朗。意氣雄豪。早擅穀玉之兼才。思成文武之大業。時命不猶。蹉跎半百。前蒙宋州刺史張九臯薦舉。僥倖釋褐。作尉封邱。吏畏民懷。刑清政簡。只爲官職太卑。事權不屬。逢上官必須束帶。對百姓常自傷心。俺高適也是天下一個奇男子。安能鬱鬱久居此乎。

因此甘拋黃綬、仍匿紅塵、目下旅客長安、到也落得清閑無事、只是宰輔躭宴安之樂、邊帥啟跋扈之心、天下大局、深爲可慮、（歎介）唉、俺高適心懸霄漢、手無斧柯、仰首長嗟、空作此漆室之憂、好悶人也、

（黃鍾過曲）**絳都春序**　艱難創守。想煌煌太宗。巍巍堂構。武噬韋戕。往事驚心頻回首。開元禮樂方醇。懋恐漸看朝綱絕紐。滿懷經濟一腔熱血有誰堪剖。

昨日王少伯遣人來說、今日同他好友王之渙過訪、我白來聽見、并州王之渙、是個少年才子、少伯既然相約、這早晚敢則來也、小廝門外伺候、有客來時、即

清空如話自是填詞上乘

行通報〔內應介〕外虛下〔生小生上〕〔合〕

【出隊子】行吟攜手何似山陰訪戴遊嚶嚶還羨鳥相求一路春深曲徑幽〔生〕看臨水柴門這家是否〔小生〕這裏是了、〔叩門介〕〔丑上〕是那個原來是王相公來了、老爺候着哩、〔小生〕你說我同這位王相公在此〔丑進稟外上出迎介〕〔生〕久仰鴻名特來晉謁、〔外〕正思奉訪、轉辱先施、〔小生〕達夫兄也知道太原兄麼、〔外〕日下二王、海內共推、小弟聞名久矣〔生〕不敢、小弟呵、

【刮地風】潦倒風塵誰與儔新豐市馬周酒冷吟閒醉銷魂久則每歎把臂論心未易求今日個清光接山斗頓

豁雙眸喜襟懷盡蠲除幾年塵垢 倘許俺杯湖退谷同俊遊便永效綢繆

外

黄龍袞 吾兄本俊流吾兄本俊流小弟慚衰醜只怕鶴燕羣 做不得溟海鯤鵬友昧雉盟雞從今爲偶 就與少伯兄呵、入藝林成鼎足厮相守

小生 達夫兄近作日富、何不取出來大家快讀一番、

外 拙集正要請教、也要讀二兄佳製、良朋快晤、豈可無酒、隨意杯酌、在小齋暢叙一日罷、

生 良朋乍會、小弟也不肯就別、杯酒論文、弟之願也、

小生 我有一說、

寫景處自遠而近清麗可傳

今日上巳良辰，曲江之上，遊人紛紛，我們同往旗亭作盡日之歡何如。（外生）妙妙。（同行介）（合）

【畫眉序】望去翠烟稠，蘚障蘿峰似鋪繡，早慈恩脩刹，塔影晴浮，濃陰外高矗青帘，雕檻裏低垂紅袖，待選取斷崖老樹前溪口，臨風盡日夷猶。

（小生）前面古木陰森，頗堪遊憩。（外）正是，我們前去坐坐。（同下）（場上挂長安第一酒家招牌，老旦扮酒媪上）

【出隊子】珍珠滴溜，昨夜新開小甕篘，今朝造就玉蛆浮，竹裏行廚花影覆，錦帶銀絲鯖列五侯。

老身鄔氏，夫家姓莫，自幼住在這個曲江邊，開張酒

此齣專為旗亭生色故須極意鋪張

店、只因夫主亡過、家下無人、老身只得自管生理、此地遊人如織。一帶青帘是長安城外第一個賦詩飲酒的名區。老身起蓋一座大大的酒樓。又占了曲江上第一個登高眺遠的勝地。你看我這酒樓、外面的慈恩塔、白閣峰、鎖霧屯霞、排戶入、裡面的六枳籬、青蘿壁、浮嵐積翠、傍檐開、曲廊邊疎花異草、點綴幾盆、粉墻上名畫佳篇、挂粘數幅、梅花窗外暗香飄醽淥之尊、柳絮風前、飛雪灑浮白之座、平常無事的時節。看花的。消暑的。玩月的。賞雪的。擦膀挨肩。真個是座上客常滿。今日上巳的良辰。做會的。賣戲的。采蘭的。

湔裙的。花園錦簇。怎教俺樽中酒不空。你看那邊早

有三個人來了、〔外生小生合唱上〕

〔畫眉序〕山際暖烟浮。一片晴霞罩村口。看紅襟雙燕。對語朱樓。僧堂外鐘響遙傳。牛背上笛聲低奏。臨流廠閣多幽秀。桃花恰傍簾鉤。

酒家有麼、〔老旦〕原來是三位相公、〔生衆問介〕媽媽、你這酒樓開張幾年了、〔老旦〕

〔滴滴金〕開元初載開來久。〔外〕有何名酒、〔老旦〕有的是竹葉葡萄良醞厚。〔小生〕有何新鮮肴饌、〔老旦〕便山餚野蔌般般有。〔生〕好景致也、〔老旦〕傍流泉當遠岫。〔生〕結構甚佳、

（老旦）迴廊曲牖。（生）花木甚好。（老旦）繞疎籬幾行梅共柳。（內鼓吹介）（生衆）這是做甚麼的、（老旦）今日上巳、這是社會扮百戲的、水邊禊遊。高樓外人語沸稠。相公請樓上坐、小二送酒上樓、（下）（生衆登樓介）（丑送酒下）（生衆飲介）（雜扮一公子一跛腳一秀才一老者上）（公子）稠花亂蕊裏江濱、（跛）行步欹危實怕春、（秀）詩酒尚堪驅使在、（老）未須料理白頭人、（各見介）（合）列位請了、這莫家酒樓外地面寬敞、我們就在這邊看會罷、（分立介）（各旦豔服扮采蘭女上）

（寄生草）太平年好脩禊。曲江上寶馬香車。采蘭女紛

小曲亦自清新不入俗套

紛結伴爭遊戲茜紅衫襯着那六幅裙拖地相攜著素手過前溪要采蘭須要采那成雙蒂不成雙不如將他來拋棄

【前腔】三月三桃花放掩映着幾樹垂楊軟春風碧波皺處魚吹浪那狂蜂兒往來只把花心傍飛飛蝴蝶過粉墻燕雙雙做窠直在雕梁上那窠兒想便是你的銷金帳

（各旦下）（雜諢介）（生衆勸飲介）（生衆合）

【出隊滴溜子】【出隊子】檀心香口歌度春風鶯語稠真個是采蘭贈芍擅風流【滴溜子】（雜衆合）看這些風前紅袖盈盈

結伴來相攜素手。陌上春光儘好逗遛。

（隨意扮雜耍下）（各旦扮湔裙女上）

【寄生草】最撩人。是暮春。繡花鞋踹上香塵。俏兒郎遊春打扮的十分俊。穿花來。般勤勤馬將鞭敲。鐙花邊。儂自洗衣裙。儍書生何須奈着心兒獃獃的等。等到我洗完時只恐怕等出你的相思病。

【前腔】小沙堆。鴛鴦睡。見人來。驚起雙飛。不愛他渾身錦繡多鮮翠。只愛他朝朝暮暮成雙對。大姑娘繡到鴛鴦淚暗垂。小妹子可能猜破其中謎。你若是猜着時教你臉上紅一會。

〔各旦下〕〔雜諢介〕〔生衆勸飲介〕〔生衆合〕

〔前腔〕靴紋波皺。轉緑迴黃香霧浮。真個是湔裙仙媼擅風流。〔雜衆合〕看這些提裙攜袖。紛紛結隊來。衣香在手。陌上春光儘好逗遛。

〔雜衆〕那邊還有雜耍哩、我們趕上瞧去、莫教遊客匆匆散、試聽村歌緩緩歸、〔全下〕〔生衆〕勝景好春、不可多得、我們再飲一杯、〔合〕

〔啄木兒〕同嬉戲。共優游。尋遍了三春花共柳。似這般錦繡成堆。真個是太平郊藪。繡旗畫輪風前驟。麗人回盼清波溜。則他日呵。莫忘了。柳外斜陽花外樓。

暗逓畫壁一折

(外)我們酒已沉酣、各別罷、(生)向小生(介)敝寓寂寞、大兄移寓同居以破旅悶何如、(小生)好、明日就移寓過來、(外)此後小弟奉訪、更覺容易了、(合)

(尾聲)晚烟歸路依林藪。看幾點漁燈遥透。明日呵、試更來醉折花枝當酒籌。

麗日和風解禊天、羽觴勝事憶當年、
天涯班草成知己、爛醉何辭墜玉鞭、

音釋

句讀 讀音豆 剡 音偃剡溪地名 鯖 音征煎和之名婁護遊五侯之門合所餉為鯖世稱五侯鯖

第三齣　曉粧

旦上丑扮侍女隨上

【正宮引子】破陣子　彩月羞將雲涴春風忍見花蔫綰個拋家新髻子聊向粧臺整翠鈿娉婷空自憐

【相見歡】小鬟衫著輕羅、襪如螺、【丑】睡起釵偏髻倒喚娘梳、【旦】心上事、春前景、悶中過、【丑】打疊閑情別緒教鸚哥、【旦】奴家謝氏、長安人也、偶因愛梳了髻、因此名喚雙鬟、今年一十四歲、謫從仙侶、悞墮平康、眉鎖遠山之黛、慣蹙雙顰、眼橫秋水之波、未輕一笑、生小讀靈光之賦、最愛詞華、閒時效柳絮之篇、遂工吟咏、巧自天孫乞得。那肯學人世間第二等技能。命從慧心

爲雙鬟二字洗發正不可少

造來。只難逢普天下第一流才子。雖然蓮出汙泥淨根自在、惟恨蘭生空谷、芳意誰知、母親張又華也是長安名妓、雖非親生、倒也十分愛惜、今日梳洗纔畢、翠筠、取過鏡臺、待俺自照一番、正是爲愛好多心轉惑、故將宜稱問旁人、【丑取奩鏡上】【旦照鏡介】【丑】姐姐、你今日梳的頭十分好也、【旦】

【正宮過曲】錦纏道　寶奩開。似冰輪清輝乍懸。眉痕翠峯淺。【丑遮刷】【旦刷介】試蘭膏烏雲上。一塵不染【丑遮梳】【旦梳介】愁。遒髮鬖鬖蠆卷　結。同心綰就這雙飛燕【丑】眞個是並頭蓮。香勻翠顫　姐姐添枝花兒、【取花插介】幽花插鬢邊。

帶枝釵兒【取釵插介】日影添釵焰。【旦喜介】眞梳得好也

步。畫檐休被那亞枝兒罥。

【貼旦扮老鴇上】巫峯老去雲猶在、洛浦初開浪漸生、

【旦見介】母親萬福、【貼旦】我兒坐下、梳洗幾時了、【旦】理

粧纔畢、【貼】我兒呵、

【玉芙蓉】看你香生翡翠鈿。粉暈芙蓉面。恁臻臻楚楚態度蹁躚。我想我們行院人家有了你這樣姿色、是最難得的、眼見得香名播向章臺遍。說甚麽藐姑洛神天半仙。只是一件、從來美人必兼色藝、從今後清歌妙絃好教那楚臺秦館占人先。

少陵所以重清新也

【旦】母親吩咐、孩兒敢不依從、如今箏琵簫管俱已粗通、樂府歌詞、皆能上口、只是這些習慣的、都是舊曲、孩兒想來、

【前腔】清謳到處傳。全仗那彩筆開生面。似這般雷同曲譜、怎能彀鬬巧爭妍。我想當今名士詩歌、可被管絃者不少、才人麗句多清倩。一個個錦心繡腸宮調圓。孩兒一奏新聲、定然異樣出色、從今後清歌妙絃、管教那引商流徵占人先。

【貼】哦我兒、你說的甚是、我正有此意、當今梨園伶官、第一個有名的教師、是李龜年、我與他是舊相知、已

尋常白亦俱有著落

曾與他說過求他教授你幾曲他說今日閒暇要來看我等他到來你就拜他爲師、求他指點便了、(旦)曉得(貼)隨我到堂前去(仝下末蒼髯扮李龜年上)

(薔薇花)沉香亭子邊。聽徹漏聲遠。度笙歌日近天顏。垂白髮離宮御園。年來清興尚豪顛。且暫偷閒學少年。

老漢李龜年、樂部班頭、梨園前輩。常時嬉遊上苑。偶爾出入侯門。只因行院中、名妓張又華、是我舊交他有個女兒、名喚雙鬟、要請我去教他伎藝、一來又華面上。不便推卻。二來他這個女兒姿貌超羣。慧心絕世。我的門徒雖衆。畢竟絕藝難傳。現有這個解人。如

借李龜年口中將雙鬟一贊透出下文

何肯當面錯過。因此撥冗到他家走走。迤邐行來。此間已是。不免竟入。又娘有麽。（貼上）是那個。原來是李師父來了。我兒出來拜了師父。（旦上見介）（末）好一位姐姐。幾時不見。出落的這樣標致了。

（朱奴兒）看他嫩苗條。烟柔露輭。聰明性玉潤花嫣。似這俊逸端莊體態妍。定生來福分無邊。（貼旦）師父又來取笑了。（末）老漢是從不說謊的。穿宮入院。不知見過了多少美人。披香殿。瑤臺上仙。也賽不過嬌和倩。

（貼旦）師父太過譽了。時間正叫他學習歌唱。他說這些舊樂府。太熟濫了。要尋幾首當今名士的新樂府。

此處插入李猪兒爲後半部張本妙無痕迹

不知師父可曾帶來（末）老漢帶了本頭在此（袖中取書介）這一本裏面上半本是國初名公下半本是當今才子、

（前腔）你看賦明河。延清艷倩歌秋鴈。李嶠高騫。一個個彩筆凌空欲倚天。唱將來石裂雲穿。雙鬟姐你心靈變。窮工盡妍。好排就牟尼串。

（旦接書介）師父這兩卷樂府、奴家留在此、今日先理會一番、明日請師父來替奴點板、（末）正該如此、（丑扮李猪兒上）

（不是路）宛馬狨韉。轉首長安在日邊。俺李猪兒即日隨安爺出鎮、適纔去拜辭叔父、知在張又華家、爲此一徑尋來、你看門兒半掩、待我挺身而進、叔父、（末）姪兒、你爲何到此、（旦）師父此位是誰、（末）是我姪兒名喚猪兒、自小在宮、萬歲爺憐他同姓。十分歡喜、後來長大、高力士公公心懷妒忌、攛掇官家、發在東平王安爺帳下的、他自小兒、離鄉縣。在邊庭學得身腰健。（丑指旦介）叔父、這個姐姐、姪兒不認得、（末）是又華的令愛、叫做謝雙鬟、我新收的徒弟、要提著你叫師兄哩。過來見了、（貼）孩兒見禮、（旦見介）（丑一面唱喏一面贊介）好個標緻妹子、姪兒在安王駕下、教演那些擄掠來的番漢女子、美貌的儘多、却從沒見有像妹子的甚奇緣。瑤臺忽覩嫦娥面。洛浦相逢解佩仙。(貼)我兒你且進去。(旦)是。粧成添粉黛。客至罷琴書。(下)(貼)請坐。(末)姪兒坐下。(各坐介)(末)我且問你。怎得工夫來此。(丑)安爺朝覲回鎮。即日起程。特來拜辭叔父。(末)怎麽去得恁驟。既如此。待我送你一程。添淒戀頽齡歲月如驚電。甚時重見。

(貼)又娘明日再來罷。(貼)李師父明日準來呀。(末)準來的。

(尾聲)和風麗日笙歌院。好春光一晌消閑。(末)管領取絳樹新聲帝里傳。

婆娑白髮對紅裙　燕子呢喃日易曛

偷得新翻數般曲　人間能得幾回聞

音釋

涴音宛汚也　蔫音焉花萎也　娉婷音平亭美貌　罥音眷挂也　流徵徵音只楚詞引商刻羽雜以流徵　宛馬宛音踠大宛國名　狨音戎獸名

欲寫雙鬟知音從何處落筆想到貪閱名流樂府至一夜無眠良工心苦誰其知之

第四齣　教歌

旦上

【南呂過曲】【懶畫眉】不信朝暉滿窗紗。纔剪了銀屏絳蠟花。正蕙爐香細篆痕斜。早鸚哥夢醒雕簷架。試看他簾捲高樓一縷霞。

摩挲睡眼困騰騰、一覺愁眠日已升、記得夜來看影瘦、剔殘雲母讀書燈、昨夜李師父留下曲本、奴家看了一夜。尚未全完。今日師父要來點板、不免將這上面詩句、再細細評閱一番、【展書介】這是國初盧駱王楊之作、看他字字珠璣。篇篇錦繡。真一代名流也。【用筆圈點介】

評詩處不著一輕薄語所謂不薄今人愛古人也

【東甌令】謀篇穩，遣詞佳，織錦穿珠散綺霞，宏才麗製追班馬，流萬古江河大。雖然器識略差些，文苑定堪誇。

這是沈宋諸人之作了（圈點介）

【前腔】排雄渾，鬱高華，轢謝陵顏作大家。怪不得樓頭兩紙齊難下，真一字千金價。雖然氣節略差些，文苑定堪誇。

這是杜少陵，這是李青蓮，他兩個真千古敵手也（圈點介）

【前腔】分仙聖，兩大家，絕代青蓮與浣花。他說盡了酒中心事愁中話，祗涕淚空霑灑。雖然福命略差些，文苑更無。加。
上卷中美不勝收。只都是些已故的舊才人。過時的
老名士。這下卷詩詞雖多。才調頗遜。想來是近日的
名流了。怎麽末卷只得一首。想是抄寫未完的緣故。
待俺看來。（讀介）黃河遠上白雲間、一片孤城萬仞山、
羌笛何須怨楊柳、春光不度玉門關、呀、妙阿、凄神戛
魄、如聞三峽猿聲、怨徵愁宮、似聽千年鶴語、不圖當
今世上、有此才人、下面注有姓名籍貫、看是何人、（細
看、緩、讀、介）王之渙、并州太原人、呀、王郎王郎、你怎麽
有如此妙才也、（連圈介）

逸情雲上壯采烟霏

因詩想貌必至之情而意到筆隨曲折盡致斯才人興酣落墨時也

【針線箱】你又不出玉門枕戈長夜，你又不吹短笛防秋帳下，爲甚的把邊愁萬斛毫端瀉。我知你塊磊滿胸難寫酒杯兒聊向他人借。直如此淋漓盡致耶，真風雅雨行中聽盡長塞悲笳。

我看此詩編在卷末，必是年少名士，詩情如此，相貌可知。

【前腔】想你脫手時萬人傳寫，應貴了洛陽紙價。問方今誰與你齊名者，似這般清澈的逸情瀟灑。知那壁人兒眉宇應堪畫，若不是風流玉樹耶，誰能假奏陽阿一曲開滿江花。

李師父想就來了、且到前面等候去（下）（末上）扶頭難醉清晨酒、開館先嗔下午茶、裏面有人麼、（貼上）是那個、原來是李師父、這早晚纔來、候久了、（末揖介）多蒙雅招、（貼旦福介）有勞尊駕、請坐、（末）有坐、（貼）翠筠、請姐姐出來（內）曉得、（旦攜曲本上）香口乍吟名士句、春愁先到美人心（向末介）師父萬福、（丑捧茶上）（貼）我兒曲本帶出來了、送與師父定板、（旦送曲本介）（末看介）這上面加了圈點的、想都是你歡喜的了、好選的不差、（再看介）呀、那末後的一首、竟圈的這等絢爛。呀、圈了又圈。竟圈的沒縫了。是何人之作。原來是并州王之渙的、黃河遠上一首、想是你最賞心的了、這首詞。音節最細。論來不是初學唱的。你既心愛。待我就把這一首。先教你開場罷。旦如此甚好、末旦合唱

按仙呂天下樂度腔

黃河遠上白雲間。一片孤城萬仞山。羌笛何須怨楊柳。春光不度玉門關。末你曉得板眼了麼、旦曉得了、末你唱我聽、旦唱介黃河遠上白雲間。一片孤城萬、末住了、城字是庚青韻。要用鼻音收腔、萬字一板。還不自然、你聽我唱來、末唱介一片孤城萬、這纔是哩、你唱、你唱、旦一片孤城萬仞山。末是的緊、是的緊、旦羌笛何須怨楊柳。春光不度玉門關。末妙

極妙極我老漢教習多少梨園子弟教坊佳人從没有這樣聰明、一遍就會的、况且歌的逸韻繞梁、前十四字的沉雄境象。後十四字的哀怨深情。音節中模寫殆盡。正所謂青出於藍、老漢也當退避三舍了、貼翠筠取酒來、丑捧酒上、貼我兒把盞、末不消不消、坐下、丑斟酒介、末老漢呵、

孤鴈飛 半生教授紅樓下。似這般好徒弟見來真寡。你前身應是迦陵化。奏仙籟恁瀟灑。老漢聽見說公孫大娘的徒弟李十二娘、劒器舞的好、杜子美先生最喜看他做了一首詩、連他師父、都贊在裏面、老漢如今得了

好贊語本地風光不假外索

這個徒弟也同公孫大娘一般老臉上不知添了多少光彩。波瀾莫二賞譽寧差（飲介）老漢快暢之至多飲他幾杯（連飲介）怕酡顏醉看斜陽挂白髮憑將紅袖遮（雙鬟）妲這等聰明將來跨竈無疑了又華休把你破烟樓老鳳聲誇（貼）師父又來取笑

（前腔）繼聲按節真難也你擅場屋替人應寡老成連雲海天風跨窅冥境怎描寫還求指掌莫畏聱牙（舉杯介）師父再請一杯你花前暢把金樽瀉怕甚麼歌到微醺應拍差到家還剩有漾晴空一縷殘霞

末 醉了起介 貼 有慢改日再候 末 老漢得閒便來明日華清宮當直今日須索早回、妙曲盡教傳弟子、新聲常自奉君王、下 貼 孩兒這些新曲、須要用心理會、旦 曉得、貼

尾聲 移宮換羽多新法。旦 須全在精神周洽。合 則今日呵且試譜瓊簫坐碧紗。

音釋

挲 音莎 挼手也 迦 音加 迦陵仙鳥 聱 音敖 韓文詰屈聱牙

此齣全在關目務須理會神情科白多添毫之筆不可更易

第五齣　畫壁　生上

【雙調過曲】風入松慢 墨餘殘瀋硯凹心。檐溜滴成冰。漫空一片寒雲凝。添愁緒雪意沉沉。【小生上】只賴有生花彩筆不同落葉寒林。

大兄一庭風雪、滿目蕭條、羈客天涯、那得不添鬱悶、【生】正是半載以來、感蒙大兄移館相就、稍破寂寞、只是落魄長安、風塵不偶、未知伸目舒眉、定在何日、【丑】【牽馬上】江山一籠統、井上黑窟窿、黑狗身上白、白狗身上腫、【拂衣介】這樣大雪、還要請客、【入介】兩位王相公、恰好都在這裏、我家老爺請兩位相公到曲江旗

亭賞雪、有馬在此、就請同行、〔生小生〕如此就行、〔各上

馬介〕〔生〕瑤花琪樹曲江頭、〔小生〕倒把金鞭上酒樓、〔丑〕

但使主人能醉客、〔生〕〔小生合〕與爾同消萬古愁、〔下〕〔老

旦上〕

〔南呂過曲〕〔大砑鼓〕漫天雪亂飄。曲江江上酒價應高。仙客繞

留佩又逢著宰相解金貂。都説道一醉能將萬事消。

老身莫氏、賣酒旗亭。今日大雪漫天。曲江上變成了

一個瓊瑤世界、真個好風景也、長安道上。貴客豪家。

文人酒友。最愛的是旗亭賞雪。待我喚小二哥整備

酒殽、挂起望子、看有甚麼人來、小二哥開張店面者、

丑扮小二上挂酒標介外生小生同上

【中呂引子】菊花新（生）天涯踪跡似萍漂。（外）且向旗亭貰濁醪。

（小生）老樹傍池坳。還記得春來曾到。

（同下馬介）（老旦見介）三位相公來賞雪了、請樓上坐、

小二哥送酒上樓去、（下）（外生小生上樓坐介）（丑送酒

下）（衆飲介）（合）

【中呂過曲】紅芍藥 看滿眼碎玉飄蕭。俄粧成大地瓊瑤。點綴

得林塘盡娟妙。望終南素峯縹緲。高談滿飲意氣豪。除

吾徒那堪傾倒。笑袁安屋裏蓬蒿。睡醒了多少愁覺。

（淨副淨末扮伶官艷服執鞭雜扮馬夫隨上）（合）

駐雲飛 散慮逍遥。奏罷霓裳歇六么。驕馬銀鞍耀。馳驟
鋪瓊道。嗏。來到灞陵橋。暫舒登眺。指點銀瓶。愛煞當壚
俏。試聽那一曲清歌樂事饒。
下馬介 雜接鞭下 淨 咱家賀懷智、副淨 小子馬仙期、
今日華清宮下直、同李師父到曲江沽酒賞雪、來此
已是旗亭了、向末介 李師父、我們還到莫家酒樓上
罷、末 最好、衆 李師父請、末 列位請、登樓介 外生小生
起介 外 二兄、我看此輩奢華艷異、想是北院伶工、俺
們酒已半酣、且避席散坐罷、生 小生 這邊鑪火甚温、
我們圍爐看雪最妙、場上設火盆三、小杌、外生小生、

同一雪景各自不同

同起就旁低坐作向火介（淨副淨末入席丑送酒衆飲介）（合）

（縷縷金）風簷外。竹聲敲。叮噹成雅奏。響雲璈。一望窗欞外江山都縞。敢天公玉戲把屑兒拋。（淨）這樣好景致。我們划一拳。高一高興。（淨副淨划拳副淨輸淨斟酒介）一杯兒滿斟到。（淨末划拳淨輸末斟酒介）一杯兒滿斟到。

（旦老旦小旦貼旦同乘車上）（合）

（駐雲飛）繡帶香飄。一縷清愁東細腰。山眼窺人笑。宮樣髻新學。茶來到。灞陵橋。共舒登眺。六出飛花。掩映如花貌。好一似蓬島仙娥來碧霄。

（下車介）（旦）奴家雙鬟、居近旗亭、今日城中衆姊妹曲江賞雪、邀奴家同來、奴家是個地主、因此導引姐姐們、這莫家亭子、是旗亭第一勝、賞他家老媽媽、是我熟識、就在這裏讓妹子作東罷、（衆旦）甚好、我們同上樓去、（上樓介）（旦見淨衆介）（旦）原來李師父、同衆位師父們、都在這裏、我們分曹共飲罷、（淨衆）如此極好、坐了、（四旦另桌坐雜送酒上介）雙鬟姐、我多時不見、長了許多、竟是一位月殿嫦娥了、（指生衆介）你看那些書獃子、光溜溜的眼射著你們哩、（下）（兩席各飲介）（生）妙哉、風雪旗亭、一霎時珠圍翠繞、玉暖香溫、真樂境也（外小生）正是（四旦）我們共奏一曲請師父指教（副淨）小二哥說與莫媽媽將樂器取上來一用（丑拿鼓板笛子上）惟酒果無量好樂其庶幾樂器在此（副淨遞琵琶與淨介）賀老琵琶擅場屋不消說是你（送鼓板與末自取笛子介）這兩件我們分了罷（四旦合唱介）

【北刮地風】則子見一片彤雲千里遙原野蕭條白茫茫瑞氣漫天罩挂了林梢填了塘坳這壁廂販橋邊捱不過疲驢破帽那壁廂錦幃中吃不盡美酒羊羔則這渴睡天那管你人世間悲歡愁樂只顧撒瀰漫

空裏拋。趕著這不周風。觱栗長號。

（生衆）妙哉歌也、（淨）佳音合奏真可繞梁、（副淨）聞得近日名流的新樂府、教坊中都演習了、（末）正是這幾位都是在下教成的、（淨）如此可請教一二麼、（小生向外生低語介）我輩各負詩名、每不能自定甲乙、今日可以密觀諸伶所謳畫壁爲記、如詩入歌詞之多者、則爲優矣、（外）使得、（生喜介）正該如此、（貼唱介）

（仙呂）醉歸花月渡

寒雨連江夜入吳。平明送客楚山孤。洛陽親友如相問。一片冰心在玉壺。

（小生微笑作喜色畫壁介）一絕句、（老旦唱介）

誤佳期。開篋淚沾臆。見君前日書。夜臺何寂寞。猶是子雲居。（外微笑作喜色畫壁介）一絕句。（小旦唱生側耳聽介）

（大齋郎）奉帚平明金殿開。強將團扇共徘徊。玉顏不及寒鴉色。猶帶昭陽日影來。

（淨）好。我每且飲一杯再請教。（小生大喜畫壁介）二絕句。（向外生介）小弟這首樂府。原覺得意。歌的好也。（生惱介）二兄此輩潦倒伶工。所唱皆巴人下里之詞耳。若陽春白雪之曲。俗物豈敢近哉。（指旦介）二兄你看末座那一位女郎。天然秀色。明艷出羣。試聽他歌來。

如非我詩、即終身不敢與二君爭衡、若是我詩、你二人都要。（外小生）都要怎的。（生微笑介）都要列拜牀下。奉我爲師。（外微笑介）這個只怕也拿不穩那。（小生微笑點頭介）且聽他唱來。（旦唱介）

（天下樂引）黃河遠上白雲間。（生喜介）一片孤城萬仞山。羌笛何須怨楊柳。春光不度玉門關。

（生撫掌大笑介）田舍奴我豈妄哉。（外）竟被他撞著了。（小生）有這等湊巧的事。（各鼓掌大笑介）（末淨副淨各驚起看介）呀三位郎君聞歌大笑、卻是爲何。（生）小生王之渙、這位是渤海高達夫、這位是江寧王少伯、藝苑齊名、未分甲乙、頃聞諸女郎要歌時下樂府、因共賭賽、以詩入歌詞之多者爲勝、前唱三詩、乃二君高作、小生頗有慚色、因發狂言說道、（指旦介）若這位女郎所唱、如非我詩、便當避舍、及至唱來、果是拙作、因此歡噱、（末衆大驚介）呀、原來三位郎君、都是當今大名公、失瞻了、（共拜介）（生外小生且扶且拜介）

【剔銀燈】（淨衆）仙郎輩聲名震九霄。（生衆）巴里曲殊堪貽笑。（淨衆）聞名怎似相逢好。（生衆）遇知音頓覺舒懷抱。（淨衆）天假奇緣得識芝宇、不識肯降清重、同飲數杯否、（生衆）如此甚好、（淨衆）殘餚原非敬邀。盡餘興同傾濁醪。

諸位姐姐都過來、方纔你們唱的詩、就是這衆位郎君的了、〔旦老旦小旦貼向生衆福介〕失敬了、〔末向旦介〕雙鬟姐、你每日唱黄河遠上詩、口口聲聲、說他是當今第一才子、〔拉生向旦介〕今日才子在面前。著實認他一認。〔旦低頭作羞介〕〔再福、生答揖介〕〔生〕小生淪落不偶、雖薄有虛名、常歎並無知己、近日纔得相交高王二兄、不想風塵之中、又遇著小娘子這樣憐才、敢問貴姓芳名、住居何處、〔旦〕奴家姓謝、小字雙鬟、家在曲江、就去此旗亭不遠、〔末淨副淨向内介〕酒保取酒上來、〔丑應介〕〔生小生外淨副淨末同坐介〕〔衆旦送

知心之言

酒同坐介旦再酌生介

攤破地錦花 馨三蕉休鬱著英雄抱鵬翼正高對良辰且暫逍遥雪影光浮燭影紅揺締新交聯舊雨醉風騷

生飲介

前腔 這瓊瑶知甚日纔能報非敢自豪遇知音調自孤高相見今宵相訪來朝問藍橋喜切近不迢遥

淨衆起介門外雪已住了暮寒侵人老漢們不能久陪得罪了旦衆我們也都回去罷揖別介生

尾聲 狂吟半世誰同調今日呵才博得千金一笑合也抵得過五色雲中淡墨標

餘波綺麗方能收拾此一篇大文斷不可刪使草草完篇也

（淨衆各上馬下）（四旦各乘車介）歌板聲中意氣真天涯、相見便相親、喜逢著瑰奇海內雕龍手、（旦回顧介）可念我漂泊平康咏絮人、（下）（外小生）當日沈宋齊名。自從上官昭容評定之後。便讓、延清獨步。小弟們自今以後。要推兄作騷壇盟主了。（生）豈敢、偶爾狂言。原非定論。只是小弟落拓無聊。不意小小女郎。竟成了一生知己。真僥倖也。（各大笑介）（老旦上）三位相公有些些酒意了、（外）正是、酒錢在此、我們去了、各別罷、（上馬下）（老旦）妙阿妙阿。不想今日這般風雪。如此熱鬧。一邊是梨園教習。一邊是舊院名姬。一邊是當今才子。

聚會在一處。偏偏歌的。就都是這三位才子的樂府。那雙鬟姐歌的。又偏偏是這位會說大話王相公的佳作。老身想來。長安城內。最喜的是傳說新聞。此事即日流傳。我這旗亭生意。自然日盛一日了。豈不可喜。還有一件。我看那王相公風流第一。雙鬟姐聰慧無雙。真是天生一對好夫妻。不知月下老可曾結下前緣。王相公呵。你可能消受俺雙鬟姐這嬌小溫柔也。

（笑介）旗亭名妓賽歌喉、才子新詩入妙謳、
從此長安衆名士。何人不上莫家樓。

音釋

凹音坳陷也

巃音蘢嵸巃空洞也

着新學學音效

第六齣　訂盟　生上

越調引子　浪淘沙　聽徹曉雞聲。初日新晴。匆匆殘醉不曾醒。趁著餘香猶未歇。重拂花茵。

花霧溟濛仙路長、誦君佳句紫雲娘、莫愁前路無知已、一曲伊州淚萬行、小生昨日、因偕同伴、偶醉旗亭忽遇佳人、解歌拙句、我王之渙空負了一代才名、除了少伯達夫二兄、再也不曾遇著一個知心的才子、那知道脂粉叢中、垂髫女子、有此巨眼慧心、昨據李龜年說來、那女子自從見了黃河遠上一詩、便日日歌詠、說是當今第一才子、這還不是一個眞知已麽、

方不是鄭元和于叔夜一流

清詞入畫

我看此女風姿秀異。皎若天人。豈是風塵中物。我王之渙身爲天下第一流才子。自應配天下第一等佳人。除却此女。誰堪作偶。因此上一夜無眠。侵早起來。要去會他。只是那些勾闌路徑。小生從未熟識。他說家在曲江。那莫家酒媪必知他的住處。正是欲作乘槎銀漢客、且求渡筏玉津人、出得門來、你看終南積雪素涯堅冰一片晴光晶瑩滿目眞是身遊璇室心在玉壺也

越調過曲【山桃紅】下山虎頭 看遠淡烟遠樹紅日初升玉岫穿雲影參差乍明石鋪就鴈齒橋寬冰凍裂棋盤路迴小桃紅

早望見烽火墩屯戍亭歌館繁華境也〔下山虎尾〕陡覺得香繞梅花酒幔青迤邐行來已是旗亭了莫媽媽在家麽〔老旦上〕談笑有鴻儒往來無白丁原來是王相公今日光臨如何恁早〔生〕有事相求〔老旦〕相公有何事用著老身〔生〕就是昨日相會的那位雙鬟女郎媽媽既與他熟識敢煩指引一會〔老旦笑介〕怪道如此太早老身也打點著相公今日必然有此一訪他家去此不遠趁此店面尚未開張當得奉陪一往相公就請同行〔生〕如此有勞了〔老旦〕好說小二我出去就來等我回來開店便了相公請〔同行介〕〔老旦〕相公只怕此時雙鬟姐尚未起身

哩（生）正是（合）羅帳愁孤另金釵自橫定抱著一夜相思夢未成

（仝下）（旦上）

（商調）（引子）（鳳凰閣）空憐空羨不料樽前厮見荀香三日尚依然難道個人終遠夢魂如線只一縷遥情暗牽

（霜天曉角）看朱成碧曾醉梅花側相遇匆匆相別又爭似不相識夢絶金獸爇曉寒蘭燼滅料是更無人到且莫埽階前雪奴家自從那日讀黃河遠上一詩愛他格韻清奇風流倜儻倚聲按節被之管絃那詩乃是并州王之渙所作雖則繡口錦心不忘朝暮終

恐伯勞飛燕常判西東、不過結私願於胸中、寄柔情於紙上、誰知昨日、忽遇旗亭、無奈滿座諠譁、難陳衷曲、正是身無彩鳳雙飛翼、心有靈犀一點通、兀的不可憐人也、

【商調過曲】【二郎神】情一片繫柔腸似車輪幾轉若是今生非美眷如何昨夜分明是一段奇緣往常間紙上相思空繾綣也猜不著恁般兒風流俊倩忒堪憐值得個相思爲你淹煎、

看他風姿瀟灑、情致纏綿、定是一個多情種子、

【集賢賓】清歌一曲情乍傳便無限纏綿好一似沾絮游

訪者早矣待者更早神理畢現

絲無別戀那其間人語聲喧燈光影閃幾回把星眸頻轉牽情如此豈有不急圖一會之理、朝輝現且起步閒庭深院

（下）（老旦上）

【黃鶯兒】門外徑幽偏那人家在這邊（生上）武陵一棹漁郎便高樓正暄朱簾未搴料伊應是朝酲倦（合）慢俄延銅鐶緩叩怕驚斷夢中緣

（老旦叩門介）（貼上）門前聞剝啄、奩畔罷梳粧、是那個、（開門介）張奶奶、這位王相公特來奉訪令愛的、（貼）（生）相見介（貼）相公請坐、（坐介）（老旦）相公這是雙鬟姐的

令堂、自來是上廳行首、他家是世傳國色的【貼】婆婆又來取笑、【生】令愛起身不曾、【貼】起來一會了、【生】如此就請一見、【老旦】奶奶、你說昨晚在我家聽歌的并州王相公、特來拜訪、【貼】曉得、【向內介】我兒、昨晚在酒樓上聽歌的并州王相公、同莫婆婆在這裏、【旦內應介】裏邊樓上請坐、【貼】相公請樓上坐、【生老旦貼同上樓介】【生】好精雅所在、【老旦】這就是雙鬟姐的粧樓了、【旦】【上】

【簇御林】無情緒。整翠鈿。乍聞聲人兒至前。聽喚茶鸚鵡聲歡忭。剛嵌入心頭軟。慢俄延勝常道罷欲語反無言見介貼向老旦介婆婆、請到我房中坐去罷、老旦向生旦介你們在此多叙一叙、老身失陪了、生請便、貼翠筠、捧茶上樓、丑內應介貼婆婆請、老旦貼仝下旦相公請坐、生有坐、各坐介生小生塵凡鄙句、那裏當得上界天仙、譜之香口、感激五中、特來奉謝、旦奴家自見佳作、早已傾心、昨奉芳儀、益深注念、銅鋪未啟、玉趾先臨、益令奴家感激無地了、生豈敢小生呵、

集鶯花（集賢賓）飄零。四。海。空。問。天。並。沒。個。相憐。（黃鶯兒）縱花生彩筆何人見。愁懷自煎。幽情暗懸。拚此生淪落隨霜霰。（賞宮花）誰知今日呵、意外風塵逢賞識。便茗華琬琰刻

骨也難鑴○

〔旦〕相公高才、一時無兩、只是奴家呵、

〔前腔〕銀瓶井底淪下泉○悵飄墮誰憐○野叢幽草空淒怨○春波蕩鶯春風歎鵑○好春從此拋淪賤○今日呵一○棹武陵花自好 怕坐來雖近還自遠於天

〔生〕小娘子、說那裏話、小生雖薄有時名、恨無知己、近日纔得與高王二兄、結文字之交、他兩個各負奇才○遂成鼎足○昨日旗亭一歌○兩君避席○是小娘子的慧心巨眼○還在他兩人之上○小生一片眞心○更無別向○但只恐滌器相如○難配文君耳○〔旦〕相公、不必多慮、奴家自歌佳作、即願永托終身、風雪旗亭、天作之合。奴此身已屬於君、更無他念矣。（生）既蒙如此、就趁這爐篆未消、對卿盟誓、（旦）這却不必。

【集賢聽黃鶯】（集賢賓）看你深情一往、良意堅斷、不是蝶浪蜂顛。流蕩菖蒲花影眩。但真心碧海堪填。明蟾共見。那更借香頭一點。若要証盟歌譜便是。（遞書介）（黃鶯兒）這瑶編。分明月下做就了綵繩牽。

（生）既如此說、小生現在候試、試畢之後、即奉千金爲聘、（旦）謹珍趙璧、以待温臺、（生起攜手同步介）（生）小娘子、看你這烟景一樓、圖書滿架、那裏像女客的粧臺、

借意生情便不入尋常套語

分明是個文人的精舍（推窻介）這檐前紅梅點點在殘雪中十分可愛也（旦）

【鶯啼春色中】（鶯啼序）他精神占得春意先弄晴雪檐前透風光點點爭妍待有日香動寒烟綻彩霞朝霏暮炫領袖了上林高選（絳都春）（合）一天淒冷幾宵孤寂且須熬鍊

（並肩坐介）（旦）相公這甆盆內水仙已是開到七分也

（生）

【前腔】他凌波小步增嫵妍一丟丟芳意堪憐點檀心素面嬌嫣抱冷骨孤夜冰堅只愛將清流眷戀羞伴那等閒鶯燕（合）一灣雲水幾峯苔石半生心願

【生】小生暫別、改日再來奉看、【旦】數日後梅花定放、清酒一杯、共郎聯詠、【生】如此甚好、

【尾聲】清樽彩筆閒庭院。好索笑巡檐幾遍。【旦】奴家呵、便向那却寒簾畔擘就薛濤箋。

寒威不到美人家、深閣重簾日影斜、

小結同心鸞鏡畔、春風先爲透牕紗、

音釋

滻 音產水名

第七齣　女衛　淨袍服丑扮李猪兒戎裝隨上

【仙呂點絳唇】旭日龍堆。紫雲朝靄。榆林塞。雄倚高臺。先把那雌風賽。

孤家安祿山、生在朔方、長爲邊將、雄心蓋世、驍勇無前、只爲貪功失律、被節度張守珪監禁、要行正法、那時却遇了一箇異人、他道俺大腹垂膝、相應猪龍、不但張守珪不能加刑、還有不測的富貴、先封公、後封王、封王之後、貴不可言、孤家那時也不敢信、不想果逢恩赦、又遭際天子寵眷、養爲義子、不消折箭之功、就封了柳城郡公、又封了東平郡王、統領四鎮節度范陽、我的富貴也儘彀了、只是楊國忠那廝、心懷嫉妬、時時說我要反、主上雖則不信、無奈他朝夕萋菲、我那裏防得許多、又想着異人之言、從前歷歷俱驗、嗣後豈有不驗之理、就不覺反與發作、如今中原、武備久弛、我又現統着四道强兵、何患不長驅直入、只是那異人還有一句言語。他說道行軍之際。謹防刺客。我老安是一日離不得婦女的、夜間不好陳設武衛、因此擄掠了許多番漢女子、發與内監李猪兒操演武藝、挑選出一百箇色藝俱精的、做了内衛、纔好放心起兵、我想夜間防寇、全仗短兵、女子從軍、須嫺

馳騁、令已操演多日不知可曾精熟、〔丑跪稟介〕已精熟了、〔淨〕傳令開門、〔內鼓吹諸將上〕〔丑下領雜扮女兵上〕〔淨〕

〔混江龍〕堪憐堪愛。細腰兒一捻挂金釵。響弓㢠纖纖素手。胥盈纓溜溜輕釵。說甚麼如虎如貔周牧野。且共你爲雲爲雨楚陽臺。豔晶晶胭脂奪過漢家山。忒楞楞琵琶抱出單于塞。有了這陰符緊護。那怕他聶隱潛來。

衆女兵各演武藝者、〔丑執令旗傳介〕〔女兵步演單雙刀下〕〔淨〕

〔穿窗月〕冷團光一片霜鎧。越顯得粉嬌容天半開。似秋

江萬朶芙蓉擺這一箇穿雲過那一箇偃月來方信道

鴛鴦陣上并刀快

（女兵換粧上演鈎連鎗下）**淨**

寄生草 展臂騰奇焰迴身撒異彩日光照耀扶桑外銀

蟾拓盡浮雲礙弄寒風一片清涼界愛煞這千迴百轉

忩盤旋好似那長藤子母相鈎帶

傳令衆女兵上馬者（衆女兵上跑馬介）（對面排立介）

淨

元和令 乍丟開雙手韁賣不盡當頭解弓腰橫側着錦

鞍橋面面兒觀自在撲碌碌翻身鷂子仰天飛大家兒

喝一箇采。衆女兵跑馬下 淨大笑介 妙哉有此内衛何患刺客俺步祿山從此放心起兵也 擁衆行介

上馬嬌煞 看這些娘子軍花樣好。夫人城肉陣排。且搵着你紅玉透香腮。那裏數李波小妹威風大。一箇箇紅裙兒豔開。一枝枝錦傘兒罩來。幾日裏到了長安呵。好把你俏閼氏圖畫上雲臺。

音釋

[illegible] 音斂箭袋也　閼氏 音焉支單于妻曰閼氏

第八齣　惜別　外上

商調引子 風馬兒 聞道良朋膏去車。離亭外別情賒。醉旗亭酣飲纔昨夜匆匆判袂。能禁不長嗟。

下官前日與兩王兄痛飲旗亭、昨日病酒、今早起來、聞少伯忽地南歸、不免造寓相送、迤邐行來、此間已是、叩門介 生上

前腔 腸斷征輪去不迭。難堪是客中別。小生上 盼江南魂夢先飛。拽囊書襆硯不待帚車斜。

外 頃聞少伯兄南歸、是真的麼、生 行李已齊、即刻就行、外 爲何如此匆遽、小生 昨接家報、老母抱恙、故此

不敢停留（生）小弟備有薄酒爲少伯叙別吾兄來得正好且請少坐（坐介）（外）吉人天相老伯母自奏勿藥之喜只是弟輩相遇恨晚相別恨速這一段離情真令人黯然消魂也（副淨送酒上生外合）

（商調過曲）琥珀貓兒墜無端分手相對各悲絕縱有離情慵去寫關山一望路途賒（合）堪嗟陌上楊枝無心去折

少伯兄你此去庭闈聚首斑綵承歡真堪遥羨似我兩人呵

（前腔）淹留京洛塵土手空遮醴酒高筵誰爲設輕裘肥馬甚干涉（合）堪嗟陌上楊枝無心去折

副淨挑行李上請相公上路小生就此拜別同拜介

尾聲邅裘難禦寒風冽。凍吟魂冱冰深轍。你休為良朋將腸蘊結。

小生副淨下生少伯既去、小弟益覺無伴兄無事可常過我、以遣鬱懷、外正是、改日再來與兄暢叙、

北風蕭瑟滿天哀。落日離亭更舉杯。
同是客中還送客。不知何處望鄉臺。

音釋

襆音僕囊也

第九齣　謀闔　副淨扮楊國忠引雜上

【黃鍾引子】西地錦　槐署權傾朝右。楓廷貴倚天邊。秉鈞當軸人俱羨。共稱富貴神仙。

迴避了、（雜下）棨戟雙排右相家、炊金饌玉逞豪奢、爇天氣焰拏雲手、獨坐鈴齋自草麻、下官楊國忠、本名楊釗、御賜今名、只緣才堪度支、遂蒙聖恩優渥、數年之間、便做到了當朝宰相、夫人裴氏小字名柔、本是西川名妓、與下官是貧賤舊交、古語道的好、貧賤之交不可忘、糟糠之妻不下堂、我這夫人歌吹既精、姿容又媚、因此謹遵先賢遺訓、就把他做了正位夫人、

今日是他壽誕、不免置酒慶賀、院子請夫人上堂、（小旦扮裴氏上衆旦扮侍兒隨上）

【前腔】蜀錦新裁廣袖。秦簫宿炷沉烟。管絃聲裏祥光徧。寒威不到瓊筵。（見介）（副淨）今日夫人華誕、下官薄置一尊、與夫人上壽、（小旦）多謝相公、（同拜介）（送酒介）（副淨舉杯看小旦介）夫人、我看你儀容豐滿、姿態橫生、穿戴了這鳳冠霞帔、比當初妙齡的時節、越發嫵媚了、

【黃鍾過曲】【降黃龍】相府潭潭。八座夫人。霞帔垂肩。珠圍翠繞。百和香中。歌管喧闐。（近覷介）堪憐。鬢雲斜。婧掩映著芙

啓嬌面。願同卿百齡偕老。永無棄捐。

【小旦】

【前腔】換頭芳年。記向錦城。舞榭歌樓。幾番歡戀。那知今日呵、鸞釵象服。向綠野堂中。笄珈光炫。我想我們行院出身的、那有個到得我來、魚軿。錦帷繡幰。伴三國夫人游讌。【副淨】停杯長歎介【小旦】相公你如今富貴已極、尚有何事不足、停杯長歎、莫非一時間、觸想起樗蒲流浪。失路西川。【副淨】非也、下官有一樁心事、擺脫不下、故此發歎、【小旦】相公有何事挂心、早說與奴知道、【副淨】夫人、下官

欲令王之渙與雙鬟別離故串出楊國忠欲傳雙鬟死信故串出裴柔欲令李龜年報信放走王之渙故又串出訪賢一段情節而機軸天然妙無痕迹至於情文相生隨筆點染原非有所譏刺亦云言之者無罪聞之者足戒耳

一人之下、無求不得、無令不從、只可恨這一班書獃子、不知時務、妄肆譏彈、即如那杜甫的麗人行、李白的清平調、把我姊妹們任意醜詆、教我如何氣得過、（小旦）相公原來爲此、那一科落第舉子没有幾篇詩詞謗毀執政、這也不足介意、妾身倒有個愚見在此、（副淨）夫人有何高見、（小旦）如今長安這些名士呵、

（前腔）差肩蟻聚、蝟攢狗苟蠅營、盼登高選、但有個權要、收之門下、提拔起來、便任你尸居伴食、他也要粉飾鋪張。說出個皐夔再見。相公試期在即、你做首相的、何不把這些英賢預爲結識、定感恩門不淺、那時呵、包管你

芳名遠播。美譽流傳。

副淨喜介夫人言之有理、只是這些名士、我一個也不認得、從那裏結識他、小旦這也不難、如今名士歌詞、都入梨園、只消傳一個梨園老教習來、問他。那一個是第一等的歌詞。就知那一個是第一流的才子了。副淨妙哉、院子、就傳梨園老教師李龜年來見、雜應下副淨侍女們奏樂、待我敬夫人一杯、吹打飲酒介雜上李龜年傳到、副淨叫他進來、小旦下末上末去朝天子、先來謁相公、老伶叩頭。相爺呼喚、那邊使令、副淨聽俺道、

【黃龍袞】俺平章待贊宣、平章待贊宣、吐握無時倦。看這些瑣瑣朝官、誰肯把凌雲薦。止有伶工尚留衡鑒、定有個絕倫材、超羣士、從吾願。

（末）相爺差矣、相爺要網羅才子、這是極盛德的事、只該奏請明詔搜羅、或著朝士薦舉、如何倒密密察訪、問及伶人呢、（副淨）你却不知、朝官薦舉。多狥親故、應詔考取。便感在公家了。近來名士詩歌、多傳曲部、你們老伶、所識必多、你可將他們名姓記清來報、俺要網羅他在未試之先、你須小心在意、（末）相爺若要名士、老伶昨晚、倒遇著了三個、（副淨笑介）怎這等湊巧、

一日就遇著了許多呢〔末〕相爺聽稟昨日呵
〔前腔〕鵝毛雪滿天。鵝毛雪滿天。買醉旗亭院。老伶們正在那邊酣歌痛飲、却有三個文士、坐在傍邊向火、〔副淨〕叫甚麽名字、〔末〕一個是高適、一個是王昌齡、一個是王之渙、〔副淨〕他們便怎麽、〔末〕他們都暗記歌詞少者名居殿。他三人暗自賭勝、畫壁爲記、以自已詩篇入歌多者爲優、那頭一首歌的、是王昌齡的、第二首歌的、是高適的、第三首歌的、又是王昌齡的、那王之渙就著急了、指著歌妓裏面、一個最年少最標致的、叫做謝雙鬟、說道無雙名士。定在美人歌扇。〔副淨〕這樣挐得穩麽、〔末〕怎麽不穩。雙鬟女囀歌喉。恰遂了王郎願。

（副淨）（喜笑介）如此說來、竟是一段佳話了。我前日在閣中看本、那高適是潼關節度使哥舒翰表他做軍中書記、我已票擬定了、只候旨下便行、那王之渙王昌齡二人、可是應試的麽、（末）王昌齡已中過博學宏詞第一名了、只有王之渙在此應試、（副淨）妙呵、這王之渙、還強過這宏博第一的王昌齡、必定是當今第一個才子無疑了、你就去傳我鈞旨、著來見我、我不要他一點贄見禮物、把今科狀元、就送與這個門生了、（笑介）（末）如此老伶就行、（副淨）且住、科場已近、我居首相須要迴避、不便著他來見、却怎麽處、也罷、〔喚介〕百能那裏、〔丑應介〕〔副淨〕你可扮作李龜年的家僮、跟去看那王之渙怎麽一個容貌、〔附耳介〕看那王之渙可感激我、就來回話、〔丑〕曉得、〔末丑同下〕〔副淨喜介〕

〔尾聲〕少年才俊眞堪羨。從今後北海座光輝燦絢。誰敢學懵懂的朱雲傲薛宣。

音釋

篝音溝熏籠也　輧音梗婦人車上屏也　懵懂音猛董不曉事也

第十齣　罵姦　末丑同上

仙呂過曲【勝葫蘆】【丑】相府家人氣昂昂。喬打扮過街坊。【末】莫笑我伶工窮命相。一朝尾後跟個俏兒郎。【丑】咄老龜、我當真是跟你的麽、【末】相爺的吩咐、只得有屈大爺了、少刻見了王相公還要屈你放下些身分不要大模大樣露出馬腳來呀【丑】這個在行【末】此間已是、叫門、【丑】笑叩門介【生上】

【不是路】門戶蕭涼。忽聽聲喧花外墻。誰攜釀。元亭問字來過訪。【生】開門介 原來是老丈請進、【末】那位王相公哩、【生】少伯兄因聞母病、即日回南去了、【末】如此老漢失送了〔各見介〕〔丑背介〕好一個美貌書生這老龜真有眼力果然像個狀元〔生〕前日旗亭承教著實叨擾不當正要過訪却又先蒙賜顧〔末〕豈敢〔生〕前日那個謝雙鬟就是令高足麼〔末〕是老漢教成的〔生〕如今已與訂婚稍待榜後即圖行聘了〔末〕王相公好福氣前日遇了一個知己就許洞房花燭今日又遇了一個知己還包你金榜題名哩、

命宮良。敢時來百事都興旺。不用安排費主張。〔揖〕

〔介〕文星降。羨祥光吉曜空中相。〔生〕此言殊妄。〔末〕此言非妄。

不瞞相公說昨日老漢到楊府裏邊那楊相爺呵

〔前腔〕思慕賢良。欲得才人同贊襄。珊瑚網。待搜羅才俊獻君王。相爺說當今才子多以詩詞流傳樂部、那一個是當今第一才子、大比在即、我就吩咐試官通個關節、中他狀元、既中之後、只要拜在我門下、多做幾首好詩、稱讚稱讚、包他平步青雲、立登臺省、因此上選琳瑯。暗送他丕休兩字登金榜。〔生〕老丈你怎麼說〔末〕老漢就把旗亭中的事細講一遍、說當今才子、無過這一高二王、相爺說高老爺已經出仕、那位王相公已中宏詞〔舉手介〕只有相公尚在未遇、故此叫老漢傳言、謹具新科狀元奉申微敬、你從此便高步瀛洲到玉堂。那時呵青雲上。莫忘了老伶風雪旗亭唱。（生）恐難承貺。（末）怎難承貺。

（生）老丈承你厚意。奈小生秉性迂腐。那通關節的事是不曉得做的。（末）相公。豈不聞學士王摩詰老爺。他因高才不第。隨製了鬱輪袍一曲。那曲子裏面呵。

（皂羅袍）細把衷情陳上。向皇家貴主。婉轉商量。把琵琶斜抱按宮商。便許他第一魁臚唱。若不是九公主送他關節。只怕到今日呵。也還在茱萸沜裏。淒淒晝長。辛夷塢畔。蕭蕭夜涼。剩閒身北垞裏扁舟蕩。

（丑背介）這老龜真會講話。一定是依從的了。（生）那有這話。那王摩詰因高才不遇。作鬱輪袍流傳樂部。九

鬱輪袍之訛
令千古才人
短氣得此洗
白為之一快

公主見了。歎為才子第一。隨囑託了主司又奏過了聖上。中了狀元面聖之日。賜宴沉香亭。九公主也在那裏。聖上說出這段緣由。那時摩詰先生。感激聖恩並九公主知己。纔為奏鬱輪袍一曲。何嘗有扮做樂工。到公主府裏的事來。我王之渙雖無摩詰之才、當此右文之世、自有際遇、焉肯奔走權門、逢迎姦相、（末）言重言重、（丑）背介怎麼這等一個品貌竟是一個獃子、想是有些瘋病的了、（生）

【醉扶歸】我幾時肯把權姦傍。我怎能俯首穢羶鄉。我萬里難馴也自會鳳鸞翔。那肯寄人宇下胡廝撞。我便一生不得進士、也不肯蒙顏忍詬做行藏。把一世的廉隅喪。【末】功名大事、還要三思、【生】老丈、你要替楊國忠作說客、不過以國忠爲泰山、據我視之、直冰山耳、我王之渙呵、

【桂枝香】男兒淵量。冲融千丈。只這些鼠輩形容。忍不住胸脯膨脹。想紛紛那裏。紛紛那裏。一謎兒蟻攢蜂釀。狐鳴鴟望。糞摶蟯。那知道履潔懷清者。千秋姓字香。

前日安祿山起兵、聲言要清君側、恐國忠的禍事也不遠了、【丑】背罵、怒下、【末】回頭、不見丑、介【末】哎喲、王相

公、不好了、（生）何故（末）適纔跟我來的原非小价就是楊丞相府内家僮、如今王相公如此毀罵、他家僮忿忿而去、定然稟知丞相、哎呀相公、只怕你無福而有禍了、不如委曲相從、待老漢婉轉復命罷、（生）小生守正素位、無妄之福、不肯干求、無妄之禍、亦聽之天命、老丈不必過慮、（末）哎、老漢有眼不識正人、開罪多矣、只是一件、那楊丞相呵

（尾聲）他性情兒不測風和浪。變陰晴真如反掌。老漢如今打聽去倘有話說就來報知、但只願憎愛從今兩下忘。

【末下生】楊國忠這廝無賴寒微，濫叨宰輔，素與安祿山不睦。既已縱虎歸山，又屢次激他速變。昨聞邸抄，安賊已經造反，以討國忠為名，勢甚猖獗，前鋒已到洛陽。這廝不急圖戰守之策，反欣欣然喜其言之倖中。誠所謂燕雀處堂，不知禍之將至也。如今又來網羅我輩。我王之渙一代才人，焉肯受其羈靮。他雖權勢赫奕，也不能奈何我。應試舉子，正是夜靜水寒魚不餌，笑他枉自下金鉤。

音釋

沂音畔　垞音咤北垞輞川中地名王維詩北垞渺難即　摶音團手捥也　靮音的羈以絡馬

勒以控馬柴音寨

第十一齣　僕懟　丑上

咦、你說奇不奇、當朝宰相也有捱罵時、你說怪不怪、拿著狀元送人偏不愛、我家老爺、誤聽了那老龜的言語、要把一個簇新新的狀元、送那個酸丁王之渙、那曉得他是個瘋子、不但不感激恩德、倒反落他辱罵一場、我大爺實在氣他不過、不免到老爺面前、加點枝葉、著實處治他一個盡情、〔下〕〔副淨便服引雜上〕

〔南呂過曲〕〔大砑鼓〕朝廷惟我尊。作威作福手掌風雲。但來稱頌多諛佞。登時平地跳龍門。怕你不俯首階前感大恩。

下官只因要搜羅名士、差家僮同李龜年、叫那個王之渙、拜在我門下、我便暗通關節、中他一個狀元、你說這是甚麼意思、只因我朝最重的是才子、最敬的是狀元、我却與這一般人聲氣不通、若收得一個才子狀元做了門生、加以高位、主掌文衡、自然海內名流、盡爲桃李、逢著公會所在、這一個來打恭、親親熱熱、叫我一聲老師、那一個也來打恭、親親熱熱、叫我一聲太老師、雖無甚麼實際、却也儘燥虛脾、（笑介）我想李龜年此去、料必停當、只是怎麼不見回報呢、（丑急上）無限心中不平事、玉梅花下報東君、（見介）（副淨）你來了麼、王之渙品貌如何、可歡喜感激我麼、（丑）老

爺再也不要說起這些假名士是不中擡舉的以後不要纏他了、副淨這是怎麽說、丑老爺聽禀、那王之渙呵、

春太平 宜春令 纔提起○先怒嗔○說爺爺秉權貴君○副淨搖首介這也奇了、丑他還說老爺、縱淫滔惡○忍心害理持姦柄○副淨怒介可惡、如此無理、丑他還罵著老爺哩、副淨他怎麽敢罵我、講來、丑小的不敢講、副淨只管講來、丑老爺恕小人無罪、就講了、他說這姦邪狗彘餘生○不日便餐刀吞刃○副淨大怒介哎喲喲了不得了不得他怎麽見得我、就要餐刀吞刃、丑正宮醉太平他說那安祿山、

統兵誅佞。一霎時芟除盡了。這些鴟類狐羣。

（副淨）哦、他原來就是安祿山一黨的人

學士解醒（三學士）怪道他眼見的恩仇太不分。却原來虎豹同羣。把我這平章一品看兒戲。一任他鼓吏三撾縱怒嗔。我想安祿山那廝曾犯軍法、張守珪要將他斬首、是俺保奏赦罪復官、今日進封郡王、負恩背德、與俺作梗、俺屢奏他心懷不軌、主上不信、因此又激他遠反、以信吾言、咋已保薦了老將哥舒翰、爲副元帥領大兵二十萬、駐劄潼關、以防其變、前日報到、安祿山果然犯順、又保薦了封常清、統兵前往洛陽征討、目下雖然猖獗、

自然指日就擒、令王之渙這小畜生、轉將這悖逆的反
檄傳說、明明是他黨羽無疑了、我明日進朝、當面吩咐
兵刑兩部、拏了他、問成安祿山細作、即時斬首、王之渙、
王之渙、【仙呂解三醒】莫恃你一枝斑管能驚世。須知道三尺
青萍可喪身難消恨。管教你向酆都作頌地下修文。
【下丑喜笑介】這樣處治、纔消得我大爺的半日悶氣、
快活快活、【末上】事不關心、關心者亂、適才楊府家僮
回報、不知吉凶如何、來此打聽、遠遠望見、好像百能
在那邊耍笑、不免近前去、隨機應變、討一個消息、百
大爺、在這裏歡喜的緊那、【丑怒介】好好、你來、白白地

騙我做了你半日的小廝、該當何罪、你有我這樣體面管家麽、我且把你這幾根白毛、揪兩根出氣、（揪末介）（末）百大爺、不要著惱、是老漢不該管閒事、得罪大爺了、有聖上賜的纏頭一分、待老漢取來、送與大爺陪禮如何、（丑放手笑介）原來老龜是個知趣的朋友、怪道相爺喜歡你哩、快快取來送我、我報你一樁喜事、（末）老漢有何喜事、（丑）那個書獃子把你搶白一番、料你也没法處治他、如今俺相爺呵、

○（柰子花）說那王之渙。一窮儒。敢謗朝臣。好教他碎首喪身將他捉向刑曹。問罪名兒怕他不認。堪哂。平白地自

將頭刎。

末他有何罪名呢。丑這罪名大著哩。末甚麼大罪名。丑相爺說他是安祿山的細作。明日到閣。就叫兵刑兩部拿問。立刻要正法的了。末當眞。丑當眞。末果然。丑果然。末假喜介如此纔出我老漢之氣。作肚疼介不好了。肚裏疼痛的緊。我要別了。欲下丑扯住介纏頭呢。末明日送來。急下丑噫。妙阿。一邊出了氣。一邊得了財。只管我得意。那怕你當災。耍笑下

音釋

撾音抓打也 酆音豐皮日休詩必在酆都頌帝晨

第十二齣 詗隙

生上

思將琬琰刻苕華、更泝溪流訪若耶、三板小橋流水畔、門前樗樹泰娘家、小生前日與雙鬟訂盟之後、相約梅花將放、再去看他、今日晴雪盡消、寒威漸退、想那美人簷下春意已到三分、杯酒聯吟、又是一番韻事也、（行介）

【北中呂粉蝶兒】小巷幽閒、轉繚垣逕通沙岸、對籬門一帶清灣、短墻邊、低檻外、碧筠脩幹、煖閣香殘、料懷人幾聲長歎、

來此已是、不免逕入、小娘子、（旦上）（丑隨上）

家常語正自以不作意爲佳

【南泣顏回】纔挽翠雲鬟欲對菱花還嬾春情初逗春愁早上眉山【見生介】相公信人來的早也【生】前日承小娘子相訂故爾早來【旦】風前鶴氅踏霜華早把寒威犯翠筠你敲冰且自烹茶更撥火還須裝炭相公請裏面坐【丑下】【生】小娘子這梅花果然漸放了

【北石榴花】你看那點點似椒攢紅意兒漸坼曉霞丹似這般暗香踈影耐清寒忍教那羅浮夢闌【丑捧茶上】【生】小生詩興勃發了冷淡相看怎酬這春色美人同青眼算只有縱清吟佳句更番才銷得香魂幾夜回清盼且與你尋詩一晌倚闌干

眞是可兒

〔丑捧酒上〕〔旦〕相公先請一杯翠筠、取過筆硯來

【南泣顏回】邯鄲學步定應難。怕欲寫毚毫顏汗。〔丑捧筆硯花箋上〕〔旦〕琅箋乍拂徽吟更傾瑤琖。〔遞紙筆介〕詞源倒峽羨卿卿筆共名花燦。〔舉杯介〕唾珠璣七步應成飲瓊漿一斗先乾。

〔旦〕相公先請起韵、奴家步和、〔生作做詩介〕〔末急上〕忙將意外事報與箇中人、王相公果然在此、〔旦〕師父為何如此慌張〔末〕王相公不好了、楊相爺要把相公捏作安禄山的細作、勘問處斬、明日到閣、就令兵刑二部來拿人了、〔旦驚介〕這事從何而起、〔生〕只因我們旗

亭一事、李老丈向楊國忠說過、那楊國忠就要將我收羅門下、打通關節、中我狀元、著李老丈來說、我不肯依、未免傷了他幾句、他有個家僮、扮作李老丈的小厮同來、回去告訴了、那奸賊就惱羞變怒、生此毒計了、（旦）師父、你爲何帶他家僮來、（末）我也只說是件好事、王相公斷無不依從的、不想如此、悔也無及了、

（生）這也不要怪李老丈、總是小生呵、

【北鬭鵪鶉】運蹇時艱。遇著這凶星惡刻。便揣著我寒士頭顱。直把那權奸觸犯。待我連夜寫成揭帖奏章、到兵刑二部堂上、把那奸賊之惡、暢表一番、求他轉達天聽、

我披腹剖心更露肝。陳上那明主親看。倘若聖明垂鑒求將他褫袍笏立付刑書。就不聽呵我亦不辭挈琴書長歌獄岸。

旦 相公此說大錯、那楊國忠勢焰薰天、既然囑託兩部拏人、相公一去、即成虀粉、還有你分辯的麼、

南撲燈蛾 他惡狠狠布就的牢籠怎許逃。生擦擦釘下的供招怎生反。你嬌怯怯閉門讀書人。怎當得一兩遭推和按。枉斷送了青年晏粲。你須是計較些危中尋安七尺軀千鈞力挽。依妾所言、惟有奔家鄉變名藏姓待雞竿。

此處寫雙鬟高識爲後建

【末】雙鬟言之有理、相公你須是作速起程急回家鄉、不可自悞、待老漢與又娘說知此事、此刻且讓你二人說幾句離別話兒、即來相送、【虛下】【生向旦介】哎呀、小娘子、小生此去、會合無期、婚姻之約不如從此劃絕、免得悞你青春、【哭介】

【北上小樓】纔與你歌同按。纔與你花共看。赤緊的拆了鴛鴦。斷了長繩。碎了連環。今日裏雨雪征途。雨雪征途。孤身隻影肝腸寸斷。【執手介】便從此碧天銀漢。

【旦】相公說那裏話來、看你才高一世、氣宇軒昂、必不久居窮困、那楊國忠惡貫已盈、斷無不敗之理、你暫

功張本

斬釘截鐵
聲淚俱下

避危機。終伸大志。奴家年未及笄。莫說三年兩載。原未摽梅。便是石爛海枯。也自永無他念。相公只管放心前去。[生]小娘子此心。小生深信。但你美名已著。誠恐權勢相凌。那時身不由已。如之奈何。[旦]相公差矣。妾雖弱質。頗具俠腸。與相公一言爲定。生死不易。倘有強暴逼凌。當以頸血濺之。你速速起身。切莫爲我留戀。

【南撲燈蛾】你好把征衣緊拴。郎溜的程途快趲。姓名兒休籤揚。行李兒須料揀。莫謾人前兒閑歎。待他時榮枯覆翻。更抖擻。鳳翮鸞翰。奴家呵冰霜早晚。但守你一鞭

○○○○得意到長安

〔末上〕相公事不宜遲、快些回寓、趂今日趕出城門去罷、〔生〕我如今不得面別高兄、却怎麽處、〔末〕老漢原要去候高老爺的、我替相公說到罷、〔生〕如此甚好、小娘子、小生就此拜別、〔同拜介〕

〔北煞尾〕乍匆匆好夢登時散。料從此天涯會面難。〔末扯生下旦哭介〕王郎此去未知凶吉如何、撇得奴家只有個遠上黃河將愁夢趕。

音釋

詗音迴偵也　氅音敞王恭披鶴氅行大雪中　毿音逡毿毫兔毛筆也　褫音恥除也　摽音殍

第十三齣　赴軍

外上

【仙呂引子】【番卜算】閒處住英雄。滿目蕭條煞。破窓寒。吹走霜飈。餞歲餘殘臘。

下官前日送別王少伯回南、鬱鬱數日、不曾出門、太原兄說少伯已去、寓廬更覺寂寥、今日不免到他寓所、看他一看、【出門行介】【末上】古曲無時調、新交勝故知、【遇著介】高老爺、老漢特來奉訪、【外】請裏面坐【進介】【揖坐介】【末】老爺打算往那裏去、【外】要到太原王兄寓所一談、老丈來得正好、便請同去走走、【末】老爺還不知道王相公的事情麼、【外】王兄有了甚麼事、【末】只因前日楊相爺聞知旗亭之事、重他才名、就要收之門下、送與關節、中他狀元、叫老漢傳知此意、誰想王相公執意不肯【外】不肯不肯纔是【末】不肯也罷了、那王相公又說了幾句傷挫他的話、就被他的小厮聽了去、搬出一場是非、相爺大怒、要將他扭做安祿山的細作、交部拏問了、【外】哎呀、這便怎麼處、【末】虧老漢得知的早、送信與他【外】王兄便怎麼樣【末】

【九迴腸】（解三酲）他急煎煎撫膺悲咤。挺腰身要直到官衙。【外】這那裏使得、【末】正是計和謀並沒個商量。法全虧了小嬌娃。【外】怎麼、【末】謝雙鬟說、你那可鋃鐺束手投刑網。

且速去 邱壑藏身覓故家。（外）是呀去了不曾（末）霜風下。（三學士）匆匆便把征車駕。這時候呵好奔過十里黃沙。王相公說、拜上老爺、不能彀雞窗筆硯還同你。全靠著鴈陣音書頻寄他。（外淚介）唉、那知道他就去了、並不能與他一別、（末）老爺王相公雖是去了、只怕楊相爺還不甘心呢、（急三鎗）雖暫脫奸人計。還恐怕機關巧。暗地裏箭鋒加。

（外歎介）老丈、言之有理、再煩你時刻留心、探聽消息、如有別故即來報我知道、隨機應變、設計救他便了、（雜扮報子上）報報報、恭喜老爺、吏部題奏特授監察御史參贊潼關軍事、即日欽限起程、朝報在此、〔外看報介〕吏部一本、爲亟請參謀事、奉聖旨、據鎮守潼關等處副元帥哥舒翰奏稱、高適才兼文武、堪任參謀、著授爲監察御史、參贊潼關軍事、即日起程、欽此、〔雜下〕〔末〕老爺恭喜、如今行色匆匆、老漢不便攪擾、告辭了、避難情懷惡、加官意氣賒、〔下〕〔丑上〕御史新驄馬、堂官舊皂靴、〔叩頭介〕恭喜老爺、〔外〕人衆齊備不曾、〔丑〕齊備了、〔外〕軍情緊急、即刻起馬、〔雜上外更衣遶場同行介〕〔合〕

〔仙呂入雙調過曲〕〔金字令〕〔金字段〕霜飈滿目、落日黃塵。灑茸鞦錦鑾。寶劍腰中挂。草檄陳琳。陳書陸賈。【三段子】此番定騁驊騮駕。（正）朝光四扇潼關射。看取功名。（上）凌烟閣畫。

音釋

鋃鐺 音狼當 頸鎖也 茸 音戎 楊炯詩 鶴轡赤茸鞭

第十四齣　歎月　旦上

【正宮引子】梁州令　冰輪送到一天秋看丹桂香浮畫檐涼夜捲簾鈎蕉露下桐影畔坐離愁

奴家謝雙鬟自送王郎別後不覺又是新秋、我嫣嫣見王郎消息全無、便來勸奴改節、奴家誓死不從、喜得畫壁一事、傳遍長安、因此名重藝林、只借賣文糊口、又喜得高達夫老爺、原是王郎厚友、現授潼關參軍、執掌威權、時常存問、纔得閉門謝客、今夜月圓人缺、對此清光、思前想後、好不傷感人也、

【正宮過曲】鴈魚錦【鴈過聲全】好秋光有誰共夜遊但金波瀲灩明

此曲步長生殿尸解原韻偶戲爲之耳

如畫翅首看絳河連辰宿。忽聽撼林閒響啾啾。是棲鴉悶孤夢難留溟濛輕霧浮。獨來皓魄下自提鞋兒走乍移過畫欄。遍身花影覆。

中呂二犯漁家傲　雁過聲換頭

躇躊瑩碧清流。

普天樂

對好天良夜。獨坐這苔茵厚空牀自守猛然間遠恨相馳驟記得有花當畫樓記得有燈懸上頭

雁過聲

記得有妙歌謳還記有清樽共訴閒愁冰澌向檐前自流。夜來呵、不過是乘詩與偶然風雪會。曉起呵、早兀自訪遊女先爲江漢求。

二犯傾盃序　雁過聲換頭

擱眸翠黛橫秋。

漁家傲

恰對這潘安玉貌娟然秀。

傾盃序

小篆金爐熳鋪錦褥並坐差肩朝影樓頭還重見否倘能重見拚

著燕消鶯瘦雁過聲本打算鴛衾蝶夢盟偕老又誰知氏
妁參媒空蹇脩喜漁燈犯喜漁燈漫停步履一聽宵漏繚
垣外流螢數點空弄影荒麁朱奴兒問今生可能玉芙蓉與
你傍綠陰翠檐門户幽漁家傲穩向那落花啼鳥清閒處
學麗老烟雲畊耨博一個共隱名留雁過聲縱難賽憐才
汧國邀鸞誥也勝似薄命貞娘埋虎邱丑上天街夜色
涼如水、臥看牽牛織女星、姐姐、夜深了、睡去罷、錦纏道
犯錦纏道謾搔首對嫦娥淒然淚流待欲睡更遲留想他
此際定也對月長歎哩、料幽輝芸愰懶把書抽藉清歌
長宵訴愁共顛當小門牢守可知我倩女夢悠悠、雁過聲

哎、算只有梁間燕子聞長歎、任你枕上蓮花自並頭、

〔下丑〕你看我家姐姐、對著這個涼月、好像嫦娥下界的一般、正是無質易迷三里霧、不寒常著五銖衣、

音釋

氐 音低星名語林牛郎織女以參商爲媒亢氐爲妁宜其終歲各天也　**汧** 音牽李娃傳封汧國夫人

顛當 顛當土蜘蛛也酉陽雜俎秦中兒童戲曰顛當顛當牢守門蠮螉寇汝無處奔

此齣專表高適謀略爲詩人生色依附正史非同杜撰

第十五齣 幕詩

末白鬚扮哥舒翰領將校上

【雙調引子】夜行船 未掃欃槍心怏怏。憂國事寢食皆忘。

萬里沙場百戰身、病餘强起督三軍、莫教白髮輕邊將、猶有丹心報國恩。老夫兵馬副元帥哥舒翰是也、恩加僕射、鎮守潼關、目今安祿山造反、統領着四鎮强兵、久戰邊將、中原久虛武備、人不知兵、前日封常清出兵洛陽、從此經過、老夫勸他固守爲上、他不聽吾言、全軍覆没、東京已破、賊兵不日即到潼關、賊勢已如破竹、朝議仍然主戰、喜得高參軍到來、與我所見相同、他又獻了一策。說賊兵捲土而來。范陽必然空虛。請調集山右諸鎮之兵。竟擣范陽。安賊必然撤兵回顧。我這裏即發潼關之甲。奮擊其後。安賊軍心旣亂。又首尾不能相顧。自然一戰而擒。此誠萬全必勝之策也。前日已煩參軍草成奏章、飛賫去了、算來批本今日可到、因此請他前來、候旨意到時、商議調遣、左右、高爺到時、即忙通報、（外上）

【前腔】明月南樓隨庾亮。頻借箸。好固金湯。

下官高適、奉命參軍、劃了閉關擣巢之策、已經飛章入奏、今日帥府相請議事、須索進見、（雜傳介）（相見坐介）（雜捧茶上接杯下）（末）前日先生擣巢一策、妙合孫吳聖上見過自然是准行的了。

【仙呂入雙調過曲】【風入松】君家眞有智盈囊。自古韜鈐無兩。定這番聖恩蒙嘉獎。看奏凱應如翻掌。（外）這都是元帥謀畧。下官不過倖合機宜。只是朝無知兵之大臣。還不知廷議如何哩。還恐怕操持短長。不由我好商量。

（雜扮賫奏官上）黃錦囊中傳聖旨。碧油幢下報將軍。（傳禀進介）（外同末跪接介）（雜持本居中向外立。末跪接本。外立讀介）封常清尅滅軍糧。以致士無戰心。喪師辱國。已於軍前正法。今洛陽失守。朕方旰食靡寧。將軍武勇久著。士卒精强。自當奮勇出戰。滅此朝食。

今請閉關固守徵兵擣巢、雖屬老將深謀、但山右兵馬、未能猝集、老師養寇、如黎民塗炭何、速即振厲將士、迅掃烟塵、列土分茅、朕於賞功無所吝惜、欽此、（末請過聖旨、（雜接下）（末坐歎介）先生聖上不用此策、如何是好、

（前腔）良謨空自拜封章。怎奈朝無忠讜。可恨這些肉食之徒、在朝堂之上、唯唯諾諾、只好坐享太平、那曉得行軍方畧、堪嗟肉食爲卿相。轉把箇良謀嗤妄。事已如此、只得打點出兵、明曉得身膏劍鋩。也須索憑鉦鼓奮鷹

揚。外厲聲介元帥。這箇斷斷不可。賊兵遠來。利在速戰。我兵據險。利在固守。山右臨邊各鎮。士馬精強。天子一詔。誰敢不行。怎說難以猝集。況睢陽有力戰的張巡。平原有起義的顏真卿。山右兵指范陽。兩處聲勢俱壯。賊兵前阻堅城。後顧巢穴。大兵一合。膚功立奏。如今僥倖一戰。賊兵乘勝。我軍氣怯。此關一失。社稷邱墟矣。元帥請自三思。

【急三鎗】雖。然。是。朝。廷。旨。難。違。背。可。知。閫。外。令。不。必。奉。君王。

【末】先生良言、下官儘知、無奈朝命不允、若不遵行、即爲抗旨、如何是好、【外】也罷、待下官再寫一道懇切表章、將戰若不勝、潼關必失、長安亦不可保、情形瀝血陳情、主上聖明、或者依從前策、也未可知、【末】如此下官須擔一箇老大罪名哩。【外】元帥、這也說不得。

【前腔】爲臣子憂宗社端須愼安危事總在一身當

【末】先生之言是也、快取筆硯過來、【雜取筆硯介】【外旁坐寫本介】【雜扮中軍上】朝中將相如氷炭。關外兵戈似羽毛。啟元帥爺、朝廷差內監李大宜前來督戰、手捧金牌、旨意已到十里長亭了、【末】快排香案、吩咐大

開轅門迎接聖旨先生在此修本待俺接旨去來〔內〕吹打開門介〔末下〕〔外〕這本好生干係也、

〔風入松〕潼關一戰係存亡。國計安危全仗。非臣柔懦難前向。要保固京師屏障。蒙聖諭臣心悚惶。重陳請奏吾皇。

〔內〕吹打掩門介〔末上丑扮內監仝上〕〔末〕先生見過天使、〔外丑見介〕〔仝坐介〕〔末〕天使手捧金牌、賫了嚴旨來督戰、這本不必上了、〔外〕戰以求勝、聖上如何見得必勝、令老公公前來督戰呢、〔丑〕前日聖上見了老將軍的表文、原說是老將深謀、那楊丞相說道、安祿山以逆犯順、人心共憤、及早出兵、一鼓可擒、擒了賊首、范陽自然歸正、若停留長智、山東郡縣、便非國家之有、況東京百姓、陷于塗炭、何忍坐視、聖上愛民如子、因此上刻欲勦平、差咱家前來督戰、老將軍速運良策、開關決戰、若固執前言、咱家就以違旨逗遛得罪了、〔外〕取本介老公公、社稷事大、煩你寬待幾日、把學生這道本章奏上、或者感悟君心、也未見得、〔丑〕俺奉旨來督戰、怎麽倒擔着不是、替你寬限呢、關上現有大軍二十餘萬、糧草山積、那么魔小寇、何難勦平、若再輾轉遲延、誠如楊相說的、停留長智了、如何使得、〔外〕

將本放下介我好恨也

【急三鎗】堪恨是朝廷裏。無一箇知兵的好忠良。

丑 你這箇官兒好大膽、俺奉旨督戰元戎尚且唯唯聽命、你怎麼敢這等倔強、不瞞你說、你就是一戰勝賊、也還要憑着咱這張口替你敘功哩、外 那有成功之理、老元帥、俺高適不忍見潼關失守、就此去也、向末揖介

【前腔】俺從此烟霞外。成孤侶。堪悲是無計繫苞桑。揮淚下 丑 怎麼竟自跑了去了、老將軍、你可不要也跑了、咱家只會督戰、却不會廝殺哩、末 君命如此、俺

也無可如何、傳令守關、戰事將卒、令後軍大將統領、護衛李公公守關、前鋒左右大小三軍、俱出城決戰者、眾得令、末上馬揮淚介哥舒翰呵、

風入松 你從今一戰敗沙場。把半世英名全喪。聖上呵、哭介 你看我老臣舊勳先悽愴。怎得令軍聲威壯。老公公好生守關、老夫去也、提一杆梨花戰鎗。拚身死在封疆。

下丑笑介 這老兒素有威名、今日如何這等怯懦、好了、如今他已出戰、咱家差使已完、不免上關頭瞭望一回、他若戰勝、俺便督兵掩殺、占他頭功、他若敗陣、

速逃爲上大小三軍隨俺上關者〔高立介〕〔内金鼓吶
喊介〕〔雜扮報子飛馬上〕稟公公前鋒初交、勝負未決、
老元帥一馬當先中軍並進那先鋒賊將崔乾祐已
敗下去了、〔丑大笑介〕妙呵妙呵、楊丞相你真見的到
也、〔内金鼓吶喊兩三次作敗軍介〕〔報又飛馬上〕不好
了、賊將詐敗佯輸、我軍深入、後軍埋伏橫沖出來、我
軍大敗、被他殺的尸橫骸積、賊兵竟來搶關、望公公
即速督兵堵禦、〔丑急問介〕老將軍呢、〔雜〕大軍已敗、我
軍中上將火拔歸仁、翻擒了老將軍投降賊兵了、〔丑〕
不好了、跪罷、〔欲下〕〔衆將攔住介〕參軍不肯戰元帥也

不肯戰、都是你這箇二尾子來督戰、送弔了、鄉他去投降、也是一功、鄉丑介（丑）哎喲、不好了、

急三鎗（衆）誰知道。欽差使。翻做了南陽市。唾餘羊。

前腔　到明日。牽將去。轅門上。申微敬。好投降。

音釋

欃槍　音讒撐妖星也槍不讀戕音　鈐　音箝韜鈐兵法也與鈴別　鉦　音征鐃類

乾坤本大愁人自偪仄耳

下半本全於此生情此齣並非閒文

第十六齣　渡江

生執鞭丑挑行李隨上

【仙呂過曲】【桂枝香】萍蓬漂颺。誰依誰傍。似這般偪仄乾坤甚處把愁人安放。小生倉卒出京本欲即歸里門仔細思量。起來那楊國忠姦謀惡計斷然不肯干休。恐故鄉亦非安身之地。因此奔出潼關兼程南下要投江寧少伯兄處。避難挑夫、這是甚麼地方、【丑】前面就是江口了、【生】如此離江不遠、你隨着頭口趲行一步、【行介】看長天正午。長天正午火雲蒼莽。蹇驢登頓。穿過幽篁。猛見了萬里江流遠。可知我客心悲。正未央。此間已是渡口、挑夫喚船過來、【丑接鞭歇擔招船介】

英雄抱負才子深情曲中囊括殆盡

外扮船家上儂做船家白了頭過來過去的都要把錢留、只有那達磨祖師太狡滑、省了銅錢折枝蘆葦便跳過子溝、過江的、上船來、丑送行李上船介生上船介丑下外相公坐穩、趁着西北風開船了、扯蓬介生坐介咳、一片寒濤。滿天愁緒。對此茫茫。那得不百端交集也。

長拍如此江山。如此江山。英雄何處。空對晚潮惆悵。雲濤千里。我有斗酒。共誰儂慨談興亡。斜日挂危檣。問渡頭桃葉。可知我倚舷孤唱。便是青溪小妹在。恐天涯憔悴客。厮見了定羞郎。我想自古紅顏大都薄命、今日我

那謝雙鬟不知作何安頓想起來好生難遣也 來到莫愁湖上怕幾番感喟更惹愁長

外落篷介 相公到了、請上岸、外攏船介 襍肩扁擔上 三山半落青天外、二水中分白鷺洲、到處逢人稱旱脚、何時巴得做夫頭、進城的挑行李、生你把我這一擔行李挑到青溪去、襍是了、外下 生襍行介

短拍 元武湖邊元武湖邊雞鳴寺畔一絲絲踈柳斜陽漂泊到江鄉好一似斷鴻孤颺 剩多少傷心冷淚天涯外彈向楚雲長

襍前面進城還有十多里路相公快些走、生

醉羅袍 醉扶歸 趁着這夕陽暝色烏衣巷。走過些寒烟渡口小荇簷。有多少人語喧闐板橋旁。早通衢夜市燈遥亮。丑到了青溪了、相公是尋那一家的、生是尋王少伯老爺的、丑是了、待我問來、借問聲這裏有個王少伯老爺、住在那裏、内東頭第三家、門首有博學宏詞的扁額就是、生是了、看介 皂羅袍 古槐陰裏深苔路旁。雙扉斜掩。幽輝夜涼。愛高樓明月清秋況。

叩門介 外扮老僕上 愛博因隨蕭潁士、謫居聊伴權同休、開門介 原來是太原相公、行李歇下、待我替相公通報、外接行李下 丑下 小生上

月雲高〔攤破月兒高〕乍聞道故人來訪。咳唾聲疑落自九天上。〔生〕大兄請上。小弟有一拜〔小生〕小弟也有一拜〔同拜〕

〔介〕良朋。好別來無恙。〔小生〕半載相思。空教我夢孤往。〔生〕乍相見。悲歡并。千萬言一晌從何講〔小生〕〔渡江雲〕且和你共此蕭齋燈燭光。慢慢的論心夜漏長。

〔坐介〕〔生〕伯母貴恙想已安和、吾兄斑綵承歡、定多家慶、〔小生〕老母托庇粗安、多蒙注念、大兄與楊相齟齬之事。已于達夫兄到任後札內備聞。其詳。江左名流。聞知此事。無不敬慕高風。真足為我輩增長氣槩。只是兄既出京。為何不歸故里。〔生〕小弟呵、

自是叙功定論

天香滿羅袖〔皂羅袍〕空盼雲山。蒼莽。悵欲歸無路。隻影他鄉。〔桂枝香〕尼屯歌誰匿。邪卿翦拂。惠遠投任昉。今日呵、喜征途暫停。喜征途暫停。還兀自驚心塵鞅。大兄知道達夫兄棄官而去否、〔小生〕達夫兄因哥舒公不能用他固守搗巢之策、就棄官而去的、此時潼關已破。長安必不能保。并州路遥。大兄不回故鄉。未必不是吉人天相。江南一帶地方。幸虧顔真卿倡義河北。張巡許遠力戰雎陽。賊兵不能渡淮。且喜平安、寒舍暫可寄托、大兄且自寬懷、〔皂羅袍〕蝸廬半畝。松陰護牀。雞棲三徑。苔痕布牆。小行窩且暫把琴書放。

外上請相公書房用酒、小生兄請後面坐、同行介生

尾聲 籬根絡緯深宵響貯秋聲月明虛幌。小生兄、你且憑這竹葉虛舟到故鄉。

深夜虛堂話寂寥、秦淮秋月一輪高、青溪祠畔水迢迢、獨奏涼風何處笛。

音釋

笐篖 音行唐皮日休詩笐篖旅店窗

戹 音厄趙岐字邠卿作戹屯歌見後漢書

屯 音肫

第十七齣　遣將

小生扮崔乾佑副淨扮火拔歸仁上

【小生】四扇潼關向日開、千軍鵝鸛拂雲來、【副淨】生擒大將投新主、識務方為應變才、【見介】【小生】俺崔乾祐是也、【副淨】咱家火拔歸仁是也、【小生】火拔將軍、你在兩陣交鋒之際、擒了大將來降、因此得了潼關、功勞最大、只是哥舒將軍、待你最厚、如何一時便下得手呢、【副淨】論哥舒這老兒待俺的恩義、原不該負他、只因楊國忠那廝、不識兵機、又差了個內官來督戰、軍無戰心、同死沙場無益、只得臨危見幾、擒他來拜投新主、崔將軍、你是漢將、尚然歸順、何況我與新主原同一氣、若是姚宋張韓為相的時節、莫説我等不反、主上也不得在范陽起兵了、（小生）將軍言之有理、大王已將陞帳、我們祇候者、（內）鼓吹開門淨戎裝引女衛上

（仙呂引子）【番卜算】戰勝覺良宵、明月當頭照、驅兵遣將未消停、這勝算誰知道、

孤家安祿山、自破洛陽、長驅而下、潼關一戰、哥舒生擒、大兵入關、軍威百倍、此去長安不遠、正好連夜進兵、火拔歸仁、（副淨應介）（淨）聽俺軍令、（副淨）是、（淨）

（仙呂近詞）【上馬踢】將軍智勇才、臨陣先投効、長驅勢已成、破

都須及早。此去長安不遠、料想平安火不到、已是人人破膽、你可即領本部人馬爲前部、孫家大軍、隨後兼程而進、直取長安。帶礪金湯應是都難保。好憑你猛虎鷙雕電掣星馳一霎兒飛到。

（付令箭介）（副淨）得令、（下）（淨）崔乾祐、（小生應介）（淨）

（前腔）我雄兵一旦臨。他文武應驚擾。全身沒計謀。定然奔蜀道。唐天子避兵、惟有西出鳳翔、我想他待我也還不薄、若是捉了回來、倒不好處、大事已成、且自聽他、只有楊國忠那廝、切齒深仇。千剮還嫌少。如今給你飛騎三千、破城之後、先把他圍住、將他家財封鎖、人口監禁、

候孤家發落若是先已逃避、即時分兵搜查、須防他近
避遠逃。寵妾嬌妻。一個兒休少。
付令箭介小生得令、下淨李猪兒、衆連喚丑作睡態
打呵欠上俺李猪兒本是個快活神仙、没來由統領
着一班女校、白日間馳驟隨營、黒夜裡還要帶刀巡
哨累得我臂折腰彎、不曾睡一塲好覺、今日已進潼
關纔得把馬兒上料、吃了杯河内乾燒、放倒頭不鬧
雞呌、夢魂中忽聽傳宣、好喜也、定然是大加賞犒、進
見介李猪兒叩大王天喜、淨怒介唗、你是孤家親隨、
正要你傳宣號令、怎敢擅離左右呢、丑大王聽禀、

〔光光乍〕一自兩軍交。從未離鞍橋。今夜攻開潼關了。好夢兒先上長安道。

〔淨〕這廝恃寵而驕、若不砍你的驢頭、怎麼號令衆將、拿去斬了、〔衆綁丑介〕〔衆女衛跪求介〕大王進關大喜、李猪兒雖犯法當斬、還求念他是從龍之人、特恩寬恕、〔淨〕也罷、既是你們討情、饒他狗命、發軍政司重打一百、〔衆扭丑下〕〔淨傳令趲行〕〔繞場行介〕〔合〕

〔越調過曲〕〔豹子令〕眼望長安須早到。須早到。催兵連夜不辭勞。不辭勞。明朝便要稱尊號。九重天子五雲高。好向那華清宮裡脱征袍。

音釋

鸛音灌鵞鸛兵陣名左傳昭公二十一年鄭翩願爲鸛其御願爲鵞

第十八齣　謀逌　旦上

【南呂過曲】一江風 恨漫漫。數盡了雲中雁。沒處把離愁散。婧雲鬟鏡裏形孤。還自照雙鸞看。無心染黛山。慵來倚翠闌。怪寒蛩只顧伴愁人歎。

【菩薩蠻】濕雲濃黛寒梢碧、碧梢寒黛濃雲濕、愁遠放簾鈎、鈎簾放遠愁、曲闌紅淚續、續淚紅闌曲、裙翠歛爐熏、熏爐歛翠裙、奴家自別王郎、度日如年、不覺已是深秋時候你看紛紛落葉、點點寒雲、好一片銷黿景象也、【末急上】

【不是路】地覆天翻。老命今宵數合殫。【急叩門介】【旦驚介】

斜曛晚何人剝啄來昏宴。（末又叩門介）謝雙鬟即忙啓戶休遲慢。（旦開門介）師父、爲何如此慌張。（末）你還不知道麼、潼關失守、聖駕西巡、老漢趕出城來隨駕、不想皇上已經去遠、纔又聽得馬嵬驛兵變、聖駕不知安否、又聽得安賊已入京城、發兵追趕、隨路刼搶、因此不敢前去、來此暫歇一宵、並報你們一個信兒、此處也難久居、須索商議個長策便好、作速奔逃離市闤。（旦）媽媽快來、（貼上）是那個、（末）又華、不好了、安兵悍。把潼關打破、將京城犯。乘輿逃散。乘輿逃散。（貼哭介）天嗄、這怎麼了也、（旦）母親不要着忙、那旗亭莫婆婆有庄房一所在終南山背此中僻靜頗可避兵快些約了他一同躲避就是〔末〕如此甚好快些收拾〔貼〕翠筠快些收拾包裹待我改換衣裝〔貼〕同旦換衷介〔丑〕背包上〔内〕金鼓介〔同〕行介〔末〕〔前腔〕不憫衰殘垂老偏逢厄運攔〔貼〕忙逃難銀箏翠管都丢散〔旦〕步艱難分明咫尺同衢閑帶暝前奔似隔山〔末〕這是他旗亭了燈光燦唐肆無人門未檯〔叩門介〕〔老〕〔旦上〕正在這裏收拾不了又有人來打門〔開門介〕且開門看且開門看〔各見介〕〔末〕媽媽你曉得了麽〔老旦〕我方纔曉得已經

收拾了些要緊細軟、叫小二哥送去我如今就到小庄躲避去了、(貼)正是我們母女要借你庄上暫住幾日、(末)老漢也要打攪才好、(老旦)患難之中、不敢推阻、就此同行罷、(衆)如此多謝了、(末)趁此月光老漢引路、快些走、

回首人間總禍機。干戈未定欲何之。

杜陵野老吞聲哭。怕向高原聽鼓鼙。

音釋

婧音妥 美也 閈音汗 里門也 櫰與拴同 疏官切